ACTES DE ZA-YOḤANNES DE KEBRĀN

CORPUS

SCRIPTORUM CHRISTIANORUM ORIENTALIUM

EDITUM CONSILIO

UNIVERSITATIS CATHOLICAE AMERICAE

ET UNIVERSITATIS CATHOLICAE LOVANIENSIS

Vol. 333

SCRIPTORES AETHIOPICI

TOMUS 65

ACTES DE
ZA-YOḤANNES DE KEBRĀN

traduits

PAR

Madeleine SCHNEIDER

Avec une introduction de Enrico CERULLI

LOUVAIN

SECRÉTARIAT DU CORPUSSCO

WAVERSEBAAN, 49

1972

Imprimerie Orientaliste, s.p.r.l., Louvain (Belgique)

D/1972/0602/26

INTRODUCTION

La région du Lac Ṭānā, si riche en couvents, églises et ermitages célèbres, a été la demeure de saints que l'Église Éthiopienne honore, tout au moins localement, et dont on a conservé les Actes. Ainsi les saintes Krestos Samrā du couvent de Guangut; Zēnā Māryām de l'ermitage de l'Enfrāz, les saints Yāfqeranna Egzi'e du couvent de Guggubēn; Batra Māryām du monastère de Zagē [1]. Il faut situer parmi ces personnages encore Za-Yoḥannes du couvent de Kebrān, dont, nous publions ici les Actes recemment retrouvés.

Za-Yoḥannes n'est pas nommé dans les Synaxaires éthiopiens selon les manuscrits connus à présent. Son culte aussi paraît avoir été local. Son monastère de Kebrān fut visité et décrit par R.E. Cheesman qui encore y recueillit en 1934 certaines informations qu'on lui dit contenues dans un manuscrit de « l'Histoire de S. Gabriel», propriété du couvent [2]. En 1963 R. Schneider et G. Annequin, envoyés en mission dans le Godjam et la région du Lac Ṭānā par l'Institut éthiopien d'archéologie, se rendirent à Kebrān où ils photographièrent deux mss. : entièrement celui des Actes de Za-Yoḥannes et deux extraits seulement du second manuscrit, c'est-à-dire une brève notice concernant la construction de l'actuelle église, et le récit des miracles que l'archange Gabriel, patron de l'église, accomplit pendant la construction du sanctuaire. Ce deuxième ms. doit être en effet le même, dont on avait parlé à R.E. Cheesman sous le titre de « Histoire de S. Gabriel».

Les Actes de Za-Yoḥannes ainsi ne nous sont connus que par ce ms. de datation moderne, photographié dans les conditions susdites, et décrit dans l'Introduction au volume correspondant du texte.

Il n'est pas facile de dater la vie de Za-Yoḥannes. Il est nommé dans la *Chronique Abrégée* parmi ceux qui furent persuadés par l'ečagē Filpos

---

[1] Cfr *Atti di Krestos Samrā* ed. trad. E. CERULLI in CSCO, Scriptores Aethiopici, t. 33-34, Louvain 1956; *Das Leben des Hl. Yafqeranna Egzi'* ed. trad. R. WAYNBERG in *Orientalia Christiana Analecta* n⁰ 106, Rome 1936; E. CERULLI, *Gli atti di Zēnā Māryām, monaca etiopica del secolo XIV* in *Rivista Studi Orientali*, XXI, Rome 1946; E. CERULLI, *Gli Atti di Batra Māryām* in *Rassegna Studi Etiopici*, IV-V, Rome 1945-1946.

[2] R.E. CHEESMAN, *Lake Tana and the Blue Nile*, Londres 1936, p. 152-154.

à embrasser la vie monastique pendant l'exil de ce fameux personnage au moment de sa lutte contre le négus 'Amda Ṣeyon I[3].

Nous savons que le texte actuel de la *Chronique Abrégée* est une composition de morceaux qui ont une valeur historique assez inégale et que surtout les informations antérieures en date au récit central, qui est celui de l'invasion musulmane du XVIe siècle, sont justement les moins sûres [4]. On peut ajouter que dans les *Actes de Filpos* on ne trouve aucune mention de Za-Yoḥannes (les *Actes* furent composés au début du XVe siècle) [5].

Encore dans le texte des *Actes de Za-Yoḥannes* on lit une référence aux *Actes de Takla Hāymānot* (la légende du roi païen Motilami). Or les *Actes de Takla Hāymānot* furent rédigés en 1515 dans la version canonique acceptée et peu d'années avant dans la version qu'on appelle du Waldebbā. Cette référence est donc utile pour dater les *Actes de Za-Yoḥannes*; et, du reste, les autres références qui sont assez nombreuses, au monastère de Dabra Libānos et à ses abbés nous reportent à une date postérieure à 1445, date à laquelle par volonté du Négus Zar'a Yā'qob le couvent d'Asbo prit le nom de Dabra Libānos et substitua le couvent de Ḥayq pour l'hégémonie sur le clergé régulier éthiopien.

On pourrait aussi remarquer, peut-être, que les Actes, que nous publions ici, représentent Za-Yoḥannnes comme d'origine du Choa et émigré du Choa dans la région du Lac Ṭānā. Une origine semblable ont : la sainte Krestos Ṣamrā, le saint Takla Alfā et plus tard le saint Batra Māryām. Est-ce-que cela a été imaginé par les auteurs de ces Actes pour souligner la dépendance dans la « chaîne » spirituelle de Takla Hāymānot et par conséquent pour reconnaître la suprématie du couvent de Dabra Libānos, dont nous avons parlé ci-dessus ? Cela est possible, mais aussi on ne peut pas exclure que des moines et nonnes du Choa, centre politique de l'Éthiopie chrétienne au XIVe siècle depuis le règne de 'Amda Ṣeyon I, soient allés évangéliser les pays du Nord-Ouest au bord du Ṭānā.

Il faut considérer à cet effet que notre ms. fait donner à Za-Yoḥannes deux fois les ordres monastiques : l'imposition du *qob* et de l'*askēmā*.

---

[3] F. BEGUINOT, *La Cronaca Abbrviata di Abissinia*, Roma 1901, p. 8 ; RENÉ BASSET, *Études sur l'histoire d'Éthiopie* in *Journal Asiatique*.

[4] E. CERULLI, *Storia della letteratura Etiopica*, III ed., Milano 1968, p. 120.

[5] *Les Actes de Filpos* ont été édités et traduits par B. Turaiev in CSCO, Scriptores Aethiopici, t. 20, fasc. 2, Paris 1907.

Une fois le saint Za-Yoḥannes les reçoit prodigieusement des mains de St. Jean et du Prophète Elie. Une deuxième fois c'est l'abbé Ḥəzqiyās (Ezéchias), troisième successeur de Takla Hāymānot au couvent de Dabra Libānos. On supposerait que à la première consécration miraculeuse, qui faisait Za-Yoḥannes indépendant et premier anneau d'une « chaîne » de transmission du monachisme dans sa région, on a ajouté — après et dans des conditions historiques différentes — la deuxième consécration qui faisait du saint et de son monastère de Kebrān une filiation du monastère de Dabra Libānos devenu si puissant dans la deuxième moitié du XVᵉ siècle. Si on accepte cette interprétation tout l'épisode de l'apparition de la Sainte Vierge Marie, qui ordonne à Za-Yoḥannes d'aller à Dabra Libānos pour demander la consécration, serait une interpolation postérieure à la première tradition des Actes de Za-Yoḥannes.

Il est vrai que, selon notre ms., Za-Yoḥannes est libéré des Agau par l'intervention du Négus 'Amda Ṣeyon I et que ce même Souverain donne au couvent de Za-Yoḥannes plusieurs fiefs. Mais 'Amda Ṣeyon I, à cause de ses victoires sur les Musulmans, est le héros éponyme de son siècle en Éthiopie et ailleurs ; et il est cité dans l'hagiographie plus récente pour donner à l'un ou à l'autre des personnages des récits une noblesse plus ancienne. Cela est aussi une raison de l'attribution à lui de la concession des fiefs où joue encore l'opportunité d'assurer au couvent une date lointaine pour l'acquisition des propriétés foncières et pour le rang à prendre dans les cérémonies vis-à-vis des autres monastères.

Le nom du chef des Agau : Ğān Čuhāy paraît être authentiquement une formation linguistique Agau. Tout au moins la première partie du nom Ğān est l'Agau ğān pluriel de ğānā 'éléphant', très connu parce que cité populairement en Éthiopie aussi, pour expliquer l'appellatif ğānhoy du Négus éthiopien. Le deuxième élément pourrait être référé, à titre de vague hypothèse, à l'Agau (Quara) ğahūa, ğahā̊ 'affaiblir', qui au causatif (ğahā̊ʾš dans la langue actuelle) expliquerait le nom comme 'celui qui fait faiblir les éléphants'.

Dans l'ensemble la référence des Actes au Negus 'Amda Ṣeyon doit être acceptée avec quelques réserves.

Quelques autres données qui pourraient passer pour indices historiques ne nous semblent pas vraiment valables... Les « justes » (ṣādeqān) 'cachés' qui — selon les Actes — vinrent à rencontrer Za-Yoḥannes à Kebrān et, après leur mort, furent enterrés par lui dans cette île

ne sont pas identifiables. Leurs noms sont : Pierre, Sylvain, Philippe
et Takla Madhen. On ne peut pas identifier 'Pierre' avec le saint nommé
par le Synaxaire Ethiopien sous la date du 16 *maskaram*; ni 'Selwānos'
des Actes avec 'Silvanus' du 20 *ter* et du 9 *genbot*, tandis que 'Philippe'
ne peut pas être aucun des deux célèbres saints éthiopiens de ce nom
(Philippe de Dabra Libānos et Philippe de Dabra Bizan); et enfin
Takla Madhen (ou son équivalent : Takla Iyasus) ne paraît pas être
le saint du 6 *nahasē* du Synaxaire. Il s'agit donc seulement de personnages locaux non connus par autres sources. On cite deux fois dans
les Actes de Za-Yohannes un Patriarche Jean (d'Alexandrie ?) qui
est rencontré par le saint pendant ses deux voyages miraculeux à
Jerusalem.

On pourrait penser, peut-être, qu'il s'agit là d'un point de repère
pour la chronologie de Za-Yohannes; mais au contraire, la rencontre en
question n'est qu'un cliché de l'hagiographie éthiopienne, puisqu'on
retrouve, par exemple, une rencontre pareille à Jérusalem, dans les
Actes de Takla Hāymānot, de ce saint avec un Patriarche Benjamin [6].
Et il serait inutile de chercher lequel des 'Jean' et lequel des 'Benjamin'
dans la liste des Patriarches (Monophysites) d'Alexandrie s'en alla de
l'Égypte à Jérusalem pour y rencontrer l'un ou l'autre des saints
éthiopiens. Un récit analogue, mais mieux placé géographiquement,
est celui des Actes de Zēnā Mārqos, l'abbé du couvent de l'Annon-
ciation (Dabra Besrāt), parce que là le saint abbé est porté miraculeuse-
ment sur un nuage par l'Archange St. Raphaël à Alexandrie où le
Patriarche Benjamin lui donne la consécration sacerdotale [7].

Mais la dernière page du texte des Actes, qui nous donne la liste
des abbés de Kebrān en synchronisme avec la liste des Négus est un
point de référence plus satisfaisant. On peut douter encore de l'exacti-
tude précise de la première date, qui est celle de l'arrivée du saint Za-
Yohannes à Kebrān la dixième année du règne de 'Amda Seyon I, c'est-
à-dire en 1324. Cette date, en tout cas, serait en contradiction avec
la conclusion des Actes, selon laquelle Za-Yohannes serait resté à
Kebran 35 ans; et donc jusqu'à 1359. Or la liste des abbés donne le

---

[6] E. WALLIS BUDGE, *The Life and Miracles of Takla Haymanot*, Londres 1906,
p. 183-184.

[7] E. CERULLI, *Gli Atti di Zēnā Mārqos, monaco etiopico del secolo XIV*, in *Collectanea
Vaticana in honorem Anselmi M. Card. Albareda*, Cité du Vatican 1962, p. 196 (*Studi e
Testi* nº 219).

nom de deux autres moines qui se succédèrent après Za-Yoḥannes pendant le règne de 'Amda Ṣeyon I (qui mourut en 1344).

Mais la date à retenir est celle du synchronisme du dernier des abbés de la liste, Isaïe, avec le règne du Négus Lebna Dengel (1508-1540). Ceci nous assure que les Actes de Za-Yoḥannes, au moins dans le texte que nous avons, ont été rédigés dans les premières décades du XVIᵉ siècle.

Les données que nous venons de discuter sont confirmées encore par le style de l'ouvrage, qui par sa simplicité d'expression est analogue aux autres productions littéraires de la même époque.

On peut, donc, conclure que le saint Za-Yoḥannes fondateur du monastère de Kebrān, vécut vers la moitié du XIVᵉ siècle et ses Actes furent rédigés dans la première moitié du XVIᵉ siècle.

Aux Actes de Za-Yoḥannes suivent le récit des miracles et l'« Effigies » du saint, selon le modèle courant de l'hagiographie éthiopienne. Les miracles sont cinq, dont trois accomplis pendant la vie de Za-Yoḥannes et deux, après la mort du saint, à l'occasion de la célébration de sa commémoration (tazkār). Le deuxième des cinq récits est encore du type usuel de l'animal tué qui prodigieusement revit et parle pour témoigner contre les coupables.

L'« Effigies », rédigée en conformité des règles qui dans la rhétorique éthiopienne disciplinent ce genre de poésie [8], est toutefois remarquable pour l'insistance sur le lien de filiation qui unit Za-Yoḥannes au saint Takla Hāymānot : ce qui encore une fois, pour les motifs historiques que nous avons exposés ci-dessus, confirme la datation de l'ouvrage dans la première moitié du XVIᵉ siècle.

* * *

Le second ms. de Kebrān, que la mission Roger Schneider a pu photographier, contient le récit de la construction de l'église dédiée à St. Gabriel dans l'île même Kebrān et les prodiges pendant les travaux de cette reconstruction. Ce récit aussi est un topos de l'hagiographie éthiopienne (et encore de la littérature arabe chrétienne de l'Égypte). L'église de St. Gabriel, selon ce texte, fut bâtie pendant la première période du règne du Négus Iyāsu I (1682-1706), le Souverain qui fut par après déposé et tué et qui est vénéré comme Saint par l'Église

---

[8] E. CERULLI, Storia della letteratura etiopica, III ed. cit. p. 169-172.

Éthiopienne [9]. Le ms. de Kebrān et la Chronique Royale de Négus Iyāsu I concordent, sauf une petite différence de quelques jours à propos de la date, sur le fait que Iyāsu I lui-même vint à Kebrān pour visiter les travaux de l'église de St. Gabriel en mars-avril 1692 [10].

E. CERULLI

[9] Cfr. C. CONTI ROSSINI, *Iyāsu I re d'Etiopia e martire* in *Rivista Studi Orientali*, XX, 1942; I. GUIDI, *Annales Johannis I, Iyāsu I et Bakaffa* in CSCO, *Script. Aethiopici*, t. V, Paris 1903.

[10] Cfr. I. GUIDI, *Annales* cit. p. 109 (traduction).

TRADUCTION

I

ACTES DE ZA-YOḤANNES

* Au nom du Père, du Fils, du Saint-Esprit, Dieu Un, nous allons
5 vous parler, ô nos frères bien aimés, fils de cette église, du combat spirituel du bienheureux saint de Dieu, Abbā Za-Yoḥannes, lumière du
Choa — du Marābētē [1], l'une des provinces du Choa — qui est lu le
24 du mois de hamlē [2].

Que Dieu éclaire les yeux de vos cœurs, accepte votre prière, vos
10 demandes, vos sacrifices, votre encens, chaque jour, chaque année,
chaque mois, chaque heure. Qu'Il fasse que votre entrée [en ce monde]
et votre sortie soient bénies. Qu'il bénisse pour les rendre bons les
fruits de votre terre. Que dans votre région ne pénètrent ni trouble, ni
maladie grave qui ôte la vie. Qu'en votre pays n'arrivent ni malheur, ni
15 désordre. Que dans vos champs ne soient ni ronces, ni épines [3]. Que
l'ennemi ne soit pas maître de vos actes, mais au contraire, l'ami, par
le salut de Dieu. Amen! Amen! Ainsi soit-il! Ainsi soit-il!

En ce temps-là, dans le pays de Choa — dans le Marābētē — était
un chef orgueilleux, au cœur dur, comme Pharaon, qui vraiment,
20 n'accomplissait aucune bonne œuvre, ne cessait point de mal faire, ne
serait-ce qu'un jour. Cet homme s'appelait Godoleyā. Sous ses ordres [4],
était un homme béni, craignant Dieu dans toutes ses voies, à la foi
orthodoxe, aimant le jeûne, la prière. Cet homme, qui se nommait
Zakāryās, avait toujours été à la tête des conseillers du chef orgueil-
25 leux. Zakāryās avait une femme qui s'appelait Sofyā. Elle était alors

---

[1] Marābētē : province du Choa, entre les fleuves Wačit et Addabay, affluents du
Ǧamma.

[2] Le 24 de hamlē correspond au 18 juillet à partir de 1349 (1341, Calendrier Éthiopien) au 28 juillet à partir de 1583 (1575, C.E.).

[3] Cf. *Gen.* III, 18.

[4] ９ዐ‬ሽ‑ፍ‑ፕ‑፝:DILLM. *Lex.* donne le sens de « lieu de juridiction, tribunal, territoire soumis
à la juridiction, domaine etc. ... » KIDĀNE WALD KEFLĒ, *Maṣḥafa sawāsew* ... Addis
Abeba 1947 (ère éth.) a aussi le sens de : ሥልጣን : ጒትነት : qui conviennent mieux
au texte.

très jolie, en plein éclat de sa beauté ; personne n'égalait sa grâce.
[Mais], en elle, était quelque chose de plus noble. Elle plaçait toujours
sa confiance en Dieu, jeûnait et priait jour et nuit. En sa bouche était
* p. 2 toujours le nom de Dieu. Elle était * semblable à Suzanne, fille de
Kēlqyū (Helkyās) [1], que les anciens avaient accusée devant tout Israël　5
et devant tous les peuples.

Les gens du chef parlèrent à ce dernier de Sofyā, la femme de Zakāryās, et [lui dirent] combien elle était belle. [Or], ce chef aimait les
femmes. Il avait [2] de nombreuses épouses et concubines dans sa maison :
quarante ou plus. En entendant [parler de la beauté de Sofyā], il　10
sauta de son lit et, le lendemain, envoya chez elle ses serviteurs [avec
ordre] de la regarder et de [s'assurer qu'elle était] réellement [belle] ;
durant ce temps, Zakāryās, son époux, était fort occupé. Les serviteurs
qui s'en étaient allé [chez Sofyā] regardèrent cette dernière, suivant
les instructions de l'orgueilleux chef Godoleyā, et revinrent en lui　15
disant que ceux qui l'avaient informé n'avaient point menti [mais]
bien dit la vérité.

En entendant ceci de la bouche de ses envoyés, le chef fut empli de
joie ; il ne mangea point, ne but point, passa toute la nuit à soupirer.
La terre entière lui semblait trop étroite... [3]. Il réfléchit en son cœur à　20
ce qu'il pourrait faire contre Zakāryās et se dit : « Je vais l'envoyer au
combat afin qu'il y trouve la mort».

Ce chef avait à la limite de son territoire un pays [dont les habitants]
ne connaissaient ni tribut, ni maître [4]. Les hommes de ce territoire,
au-delà de la frontière de l'Amhara, n'étaient pas circoncis et extrême-　25
ment braves. A l'aube, l'orgueilleux chef Godoleyā fit appeler Zakāryās.
Ce dernier lui demanda : « Pourquoi m'as-tu fait appeler, ô chef ? ».
Le chef répondit par un discours plein de ruse : « Je t'ai fait appeler
pensant que tu [pourrais] me donner ton avis au sujet d'une chose
peu importante, car, le chef des conseillers [5], c'est toi. J'aimerais　30

---

[1] Cf. *Dan.* XIII, 2.

[2] Le texte comporte ሀለዉ፞, avec le verbe à la troisième personne du masculin pluriel ; ፞ : a été ajouté au-dessus d'un signe effacé, peut-être ፡. Il faudrait : ሀለዉ ፡.

[3] ወአዘዘ ፡ ይበል ፡ ለፉ ፡ ወለፉ ፡ : le texte n'est pas très clair. Il faut probablement comprendre : « Il donne des ordres d'un côté et de l'autre, de droite et de gauche ».

[4] DILLM. *Lex.* 1189 n'a que አግዓዚ : « libre » ; colonne 1191, il enregistre አጋእዝት,
employé comme pluriel de አግዚእ : Mais le *Saw.* de Moncullo donne : አግዓዚ ፡ ገቢር ፡
et KIDĀNE WALD KEFLĒ : አግዓዚ ፡ — አግዚእ ፡ ዜታ ፡

[5] Ms. መማክርቲሁ ፡ : ; il faudrait soit —ት ፡ « des conseillers », soit —ትየ ፡ « mes conseillers ».

que tu châties, pour moi, ces incirconcis, ces gens sans lois [qui résident] au-delà de la frontière Amhara [1] ; tous sont orgueilleux et ils me sont odieux. Mais toi, tu peux leur faire la guerre. Personne [d'autre que toi] n'est capable de les vaincre, ne connaît leur mentalité, leur force. C'est
5 pour cela que je t'ai fait appeler».

Lorsqu'il entendit ceci, le bienheureux saint de Dieu, Zakāryās, comprit la ruse du chef Godoleyā : sa femme, Sofyā, en était la cause, car, * auparavant, Sofyā avait dit à son époux combien les serviteurs * p. 3 du chef l'avaient observée la veille, alors que lui, vaquait à ses occupa-
10 tions.

Zakāryās répondit : « Bien, ô chef !» Godoleyā reprit : « Hâte-toi de partir demain. Prends de nombreux cavaliers, plus de cinq cents et de l'infanterie. N'épargne rien : ni hommes, ni animaux. Brûle les maisons».
15 Voyez, mes bien aimés, combien les justes aiment leur prochain, satisfont son désir, et se soumettent aux autres. Zakāryās, qui aurait pu se montrer insolent, obéit au chef et accéda à son désir. Lorsqu'[au matin] la terre s'éclaira, il se hâta de partir à vive allure.

Le chef, lui, fit venir un autre serviteur, l'envoya par une autre
20 route sur un cheval qui volait comme un aigle, avec ce message : « Un homme bien plus hardi que moi s'avance vers vous afin de vous faire la guerre. Vous, prévenez son attaque, [portez-vous au-devant de lui], sur sa route, et, tandis qu'il ne s'attend à rien de vous, tuez-le et n'en dites pas un mot ensuite». Sur ce, il fit partir son serviteur.
25 Mais Dieu est omnipotent. Il est le Savant qui sonde le cœur et les reins [2]. Il n'abandonna point Son serviteur Zakāryās entre les mains de son ennemi, car il devait avoir un fruit béni, une descendance par-faite qui devait sauver le monde entier par sa justice [3].

Le messager [du chef], après son départ, se trouva, en pleine route,
30 dans une région sauvage. Là, un lion arriva derrière lui et le dévora avant même qu'il n'ait aperçu [l'animal]. [Quant] au cheval, il se dirigea vers Zakāryās, martelant la terre [de ses sabots].

Zakāryās parti en guerre, aussitôt après, le même jour, Sofyā la bienheureuse revêtit un cilice. Elle entra dans l'église, près de chez
35 elle, qui était bâtie sous le vocable de Saint Gabriel. Elle y demeura,

---

[1] Le texte semble corrompu ; il faudrait lire peut-être : አንዘ ፡ አምወሰነ ፡
[2] Cf. *Ps.* vii, 10.
[3] Ms. በጽድቅ ፡ ; il faudrait soit በጽድቅ ፡ « par la justice », soit : በጽድቁ ፡ « par sa justice ».

priant et disant : « Mon Seigneur ! Mon Dieu ! Vois [la condition de]
Zakāryās l'époux de ma jeunesse, Toi qui as vu Urie[1] au temps de
David et Naboth de Jezraël[2]; ceux-là sont morts injustement. Ne le
fais pas mourir s'il [n'a pas commis] d'offense, sauf si telle est Ta
volonté. Montre Ta clémence. Et toi, ô Ange de la Bonne Nouvelle[3], 5
comme tu as montré * ta puissance sur les pervers, montre encore ta
puissance, Seigneur ! » Après avoir dit encore d'autres prières, Sofyā
rentra chez elle.

* p. 4

Quand le soir fut tombé sur la terre, le chef envoya l'un de ses serviteurs chez Sofyā, avec ce message : « Le chef te demande et te fait 10
savoir ceci : « Ne demeure pas seule chez toi, car tu es sous ma com-
plète sauvegarde. Voici ce que m'a dit ton époux [avant sont départ] ».
Quand Sofyā entendit [ces mots], son cœur se glaça d'horreur. Elle
répondit : « Moi, je n'irai pas dans une autre maison [que la mienne] ».
Le chef envoya une seconde fois son serviteur. Elle répondit de la 15
même manière. Une troisième fois, [le chef] envoya d'autres serviteurs,
leur ordonnant : « Amenez-la de force ». Ils partirent et emmenèrent
Sofyā contre son gré. Le chef, empli de joie, lui offrit des présents. Mais
elle, pleurait et priait, disant : « O Toi qui as sauvé Suzanne des mains
des anciens[4], comme elle, sauve-moi ! [Comme Tu as sauvé] 'Egzi'e 20
Harāyā[5] des mains de l'impur Matalomē, Sara du roi de Gērar[6],
Daniel de la gueule des lions[7], et les trois enfants de la fournaise[8],
comme eux, sauve-moi [des mains] de cet impur. Ne m'unis pas [à lui] ».

Lorsqu'approcha le moment de se coucher, cette fois, élevant la voix,
elle appela : « O Dieu de Gabriel, aide-moi, délivre-moi de cet homme 25
pervers ! De l'homme inique, sauve-moi ! » A l'instant même, l'endroit où
était Sofyā la sainte fut ébranlé et s'illumina. Saint Gabriel s'avança
vers elle, portant un roseau, et, de ce roseau, il frappa la poitrine du
chef orgueilleux nommé Godoleyā qui se mit à crier à tue-tête et tomba 30
de son lit.

Ceux qui entendirent ceci en furent frappés d'étonnement, de stupeur.
Un tremblement s'empara d'eux. Voyez, bien aimés, combien Il aide

[1] Cf. 2 *Rois*, xi.
[2] Cf. 3 *Rois*, xxi.
[3] Gabriel.
[4] Cf. *Dan.* xiii.
[5] La mère de Takla Hāymānot, cf. *Synaxaire*, 24 Nahasē.
[6] Cf. *Gen.* xx.
[7] Cf. *Dan.* vi.
[8] Cf. *Dan.* iii.

ceux qui L'aiment, leur donne force et vigueur contre l'ennemi. Par la suite, le huitième jour, mourut l'orgueilleux chef, grouillant de vers et pourrissant.

Mais retournons donc à l'histoire de Zakāryās. Il s'était dirigé
5 vers ceux [qui vivaient au-delà] de la frontière de l'Amhara, ceux qui étaient incirconcis et vaillants guerriers [1]. Ils l'accueillirent avec joie, lui firent de grands honneurs, lui offrirent nourriture et boisson. Zakāryās les prit en amitié et fit [régner] la paix chez eux. Il emporta de nombreux cadeaux : de l'or, de l'argent, * des vêtements splendides, * p. 5
10 car Dieu a mis dans la bouche de David le prophète les paroles suivantes : « Tu ne permettras pas que Ton juste voit la corruption » [2].

Bref. Zakāryās [soi-disant] mort était vivant, alors que le gouverneur [laissé] vivant était mort. Ayant tout accompli, Zakāryās retourna dans son pays, en paix, en dix jours, alors que [pour se rendre] du
15 Marābētē à la frontière de l'Amhara, il y avait trente jours de marche. Dieu, en un clin d'œil le lui fit faire car Zakāryās était celui qui rassasie tous les affamés de la nourriture de Son enseignement.

[Mais], retournons [une fois de plus] à l'histoire de Zakāryās. Ayant regagné son pays, il entendit des lamentations et demanda : « Que
20 sont ces lamentations ? » Les gens lui répondirent : « Le chef est mort et enterré depuis deux jours ». En apprenant cette nouvelle, Zakāryās fut très affligé. Les gens lui répondirent : « Ne t'afflige [donc] pas, car c'est de son crime qu'il est mort ». Et, ils lui racontèrent [tout] d'un bout à l'autre.

25 Zakāryās rentra chez lui. Sofyā, sa femme, arriva. Lorsqu'elle le vit, elle leva les yeux au ciel et récita [la prière d'Anne] : « Mon cœur est raffermi par Dieu » ... jusqu'à la fin [3]. Et, elle ajouta : « Je te loue, mon Roi, mon Dieu, Toi qui m'as fait retrouver mon époux Zakāryās ». Elle dit cela d'une voix douce, pleurant tant sa joie était grande.

30 Par la suite, les gens tinrent conseil et nommèrent Zakāryās seigneur et chef, d'un commun accord. Zakāryās les gouvernait équitablement et dans la paix. Les hommes du Choa — jusqu'à la frontière de l'Amhara — étaient pour lui, comme des serviteurs, et lui, [était pour eux] comme un Bon Pasteur.

35 Zakāryās et son épouse ne cessaient point de bien faire, distribuant

---

[1] Le *Saw.* de Moncullo et KIDĀNE WALD KEFLĒ, mentionnent pour ጋሰት : le sens de ጭፉሬ :, ወታይርኛ : ; « corps de troupe, soldats ».

[2] Cf. *Ps.* XVI, 10.

[3] Cf. 1 *Rois*, II, 1. (version éthiopienne).

des aumônes afin que [Dieu] leur donnât un enfant. Ils partageaient leurs richesses et donnaient la dîme au Seigneur. A tous les pauvres et affamés, ils donnaient à manger. A ceux qui avaient soif, ils don- naient à boire. Ils faisaient cela chaque jour, lorsqu'ils sortaient et rentraient. Un jour, ils entrèrent dans l'église de Notre-Dame Marie, 5 proche [de leur maison]. Zakāryās et Sofyā, son épouse, se proster- nèrent devant son image et dirent avec * humilité et amour, s'affligeant, pleins de ferveur : « Toi, Tu sais que nous sommes tous deux dans un seul cœur. Pourquoi nous éloignes-Tu de Tes fidèles ? Donne-nous un saint enfant qui nous réjouisse ». Zakāryās disait dans sa prière : 10 « Les ennemis qui me tourmentaient se sont affaiblis et effondrés. L'or, l'argent, les vêtements splendides, Tu me les as donnés, mais le bon fruit [dont la vue] réjouira mes yeux, Donne-le moi, Seigneur. Et Toi, ma Dame, si je n'ai pas d'enfants, dissipe ma tristesse et ne fais point que mes ennemis se réjouissent de mon malheur au moment de ma 15 mort ». Sa femme Sofyā, dans sa prière disait ainsi : « Seigneur, comme Tu as donné à la stérile Anne [1], à Sara [2], femme d'Abraham et à 'Egzi'e Harāyā [3], femme de Ṣaga Za-Ab, comme à elles, Donne-moi un enfant qui Te soit agréable. Et Toi, Notre-Dame Marie, qui a été confondu en plaçant sa confiance [en Toi] [4], et qui ne se réjouit pas de 20 s'être réfugié auprès de Toi ? » Sofyā et Zakāryās dirent ceci le cœur plein de ferveur et d'amertume. Ils pleuraient tous les jours. Ils commémoraient le *tazkār* des saints, des martyrs, la fête mensuelle de Gabriel, et, surtout le *tazkār* de Notre-Dame Marie et celui de Notre- Seigneur Jésus-Christ — il convient de se prosterner [à Sa mémoire]. 25

Une nuit, deux anges, portant une pierre précieuse qui répandait sa lumière partout, apparurent à Zakāryās pendant son sommeil, et lui donnèrent cette pierre. [Sofyā] vit, pendant son sommeil le miel d'une ruche ; tous les hommes du Choa et de tous les confins de la terre en mangeaient. En se réveillant, ils se racontèrent mutuellement 30 [leurs rêves] et dirent : « Que la volonté de Dieu soit faite ».

Peu de jours après, Sofyā la sainte conçut, et sa conception devint manifeste. Elle mit au monde un enfant aux yeux semblables à l'étoile du matin, brillant d'un éclat pareil au soleil. Le père et la mère de l'enfant se réjouirent et firent une grande fête, durant quarante jours, 35

[1] Cf. 1 *Rois*, I.
[2] Cf. *Gen.* XVIII, 10.
[3] La mère de Takla Hāymānot, cf. page 4, note 5.
[4] Cf. *Ps.* XXIV, 3.

* p. 6

[en l'honneur] de cette naissance qui avait eu lieu le 13 de hēdār (vers le 9 novembre). Le quarantième jour, de nombreuses personnes emmenèrent [l'enfant] à l'église, le jour de la purification de sa mère. Lorsque le prêtre le vit, il se réjouit et prophétisa en ces mots : « Celui-ci sera *   * p. 7
5 la lumière du monde entier ». Or, ce prêtre savait ce qui allait arriver, avant même que ceci n'eut lieu, car Notre-Dame Marie le lui avait dit de bouche à bouche. On appela l'enfant du nom de Yoḥannes, ainsi le prêtre l'avait nommé, car en vérité, il est Jean.

Il devint la joie de son père, de sa mère, de tous les gens du Choa,
10 du pays de Marābētē jusqu'à la frontière de l'Amhara. Jean baptisa des foules ; lui, convertit par sa prédication. Jean prêcha la baptême de pénitence ; lui, alla du Choa jusqu'au Tigrē et jusqu'à Jérusalem. Il est dit : « Il n'y a pas de plus grand que Jean parmi ceux qui sont nés d'une femme [1]. » ; de même, il n'y a pas plus grand qu'Abuna Za-
15 Yoḥannes parmi ceux qui sont nés dans le Choa, le Marābētē, et jusqu'aux confins de l'Amhara. Jean avait une ceinture de cuir ; comme lui, [Abuna Za-Yoḥannes ceignait] ses reins, car, en vérité, il avait été sanctifié dès le sein de sa mère. Certes, Lévi était ceint car il était sorti du sein d'Abraham, dit le Livre. Comme lui, Abuna Za-Yoḥannes
20 avait, avant même d'être né, protégé son père et sa mère de toute chose vile. Son père et sa mère... [2].

Mais, laissons ces propos un instant, car l'histoire d'Abuna Za-Yoḥannes [pourrait] rabaisser à nos yeux [3] l'histoire de tous les saints [tant] nous sommes tirés par les liens qui nous attachent à l'amour de
25 son nom.

L'enfant [dont nous parlons] grandit par la grâce et non par le lait. Son lait maternel, ce fut l'honneur, la grâce, qui font grandir les justes qui les ont reçus en partage. Il atteignit l'âge de sept ans sans que sa mère n'eût besoin de l'importuner un seul jour. Son père et sa
30 mère étaient émerveillés car [il ne montrait] point d'avidité pour le sein de sa mère. C'est ainsi qu'il atteignit sept ans.

A sept ans, ses parents le confièrent à un maître afin qu'il soit instruit comme il convient. Il apprit les Écritures en entier, Ancien et Nouveau Testament. Si son maître lui disait [la chose] une fois, il [la]
35 retenait si bien qu'on pouvait le comparer à Cyrille le Patriarche.

---

[1] Cf. *Matth.* XI, 11.

[2] Ms. ወለሰሩ ፡ አቡሁ ፡ ወአሙ ፡ አምአግዚአሙ—Le sens de ce passage n'est pas clair.

[3] Littéralement : « faire renier ».

Comme lui, Abuna Yoḥannes [expliquait] avec clairvoyance les livres divins à tous les fidèles.

De plus, il apprit à chasser les bêtes sauvages et à tirer l'arc. S'il rencontrait un lion, d'un seul coup, il le tuait. De même, toutes les [autres] bêtes sauvages ne pouvaient point lui faire * face. Il était ferme et fort 5 en toute circonstance. Ceux qui le voyaient admiraient sa grande majesté et disaient : « En lui s'est accompli ce que dit le Livre : « Bâtir et [avoir] des enfants exalte un nom [1] ». Et, dans les Psaumes, on dit encore : « Voici, c'est un don de Dieu que les enfants ; une récompense, que les fruits d'un sein [fécond] [2] ».   10

Un jour, alors qu'il était dans l'église de Notre-Dame Marie, à minuit, pour prier, Jean et Elie lui apparurent tenant en leurs mains un *qob* et un *askēmā* [3]. Ils les donnèrent à Abuna Za-Yoḥannes en lui disant : « Notre-Seigneur Jésus-Christ et Notre-Dame Marie, tous deux, nous ont ordonné de te donner [ces insignes] de gloire. [Abuna 15 Za-Yoḥannes] baisa [les deux objects] et les prit avec joie.

Puis, un certain jour, alors qu'il était seul, vint un petit nuage. Il l'emporta et le fit parvenir aux portes de Jérusalem où est le tombeau de Notre-Seigneur. [Abuna Yoḥannes] salua le tombeau, le mont des Oliviers et les eaux du Jourdain. Là, il se baigna et fut baptisé. De 20 plus, il alla chez l'évêque où il reçut l'ordination de prêtre. L'évêque dit à Abuna Yoḥannes : « L'Esprit Saint est sur toi parmi tous les saints ». Puis, il prophétisa qu'il serait le père de nombreux frères, qu'il instruirait les peuples et les amènerait à faire pénitence. Sur ces mots, il le salua et ils firent la prière.   25

Puis, revint le nuage. Il l'emporta et le ramena vers son pays, le Choa, où demeuraient son père et sa mère. Son père et sa mère qui ne savaient pas ce qui était arrivé s'interrogèrent : « Quelle est cette lumière qui auréole son visage ? »

De matin en matin, la lumière qui l'auréolait s'étendait davantage. 30 Lui, [Abuna Za-Yoḥannes] jeûnait, priait, devenait de plus en plus pur, meilleur. Lorsqu'il eut vingt-cinq ans, on le fiança à une femme belle, l'une des filles d'un chef du pays. Son père et sa mère lui dirent :

---

[1] Cf. *Eccl.*, XL, 19 : ወሉድኒ ፡ ወሕንጻ ፡ ሀገር ፡ ያዐቢ ፡ ስመ ። — « des enfants et la construction d'une ville exaltent un nom ». Le mot ሀገር : manque ; citation incomplète ou faute du copiste ?.

[2] Cf. *Ps.*, CXXVI, 3.

[3] ቆብዕ : (*qob'*) [capuce], « bonnet de moine », et አስኬማ : (*'askēmā*, σχῆμα) « scapulaire » font partie du vêtement monacal.

« Viens ! Allons nous réjouir de [la vue de] ta fiancée, ô notre enfant !»
Abuna Yoḥannes leur répondit : « Quel profit à l'homme s'il gagne le
monde entier et s'il perd son âme ? Ou que donnera l'homme en échange
de son âme [1] ? Laissez-moi tenir conseil avec mon cœur ». Ceci dit *   * p. 9
5 il se mit à prier tous les jours afin que son père et sa mère le laissent
se reposer des peines de ce monde éphémère, ne le consultent plus avant
[au sujet de ce mariage], et ne lui disent plus : « Prends une femme et
célèbre tes noces».

Peu de temps après, son père et sa mère moururent. Que leur prière
10 et leur intercession gardent leur serviteur Walda Māryām pour
l'éternité. Amen !

Abuna Yoḥannes célébra leur *tazkār*. Il distribua largement les biens
que ses parents avaient laissés : or, argent, vêtements, bétail, moutons.
Il donna aux pauvres, aux miséreux. Il affranchit ses serviteurs de leur
15 condition d'esclave. Puis, il partit la nuit, les gens n'en sachant rien.
Il alla dans la campagne, en un lieu solitaire. Il trouva là, une église
construite sous le vocable de Notre-Dame Marie. Il y pria. Notre-
Dame Marie, de son image, s'adressa à lui et lui dit : « Quitte cet endroit pour Dabra Libānos, le couvent de mon bien-aimé Takla Hāymā-
20 not. Là, prends le *qob* et l'*askēmā*». Puis, vinrent Jean-Baptiste et
Élie, le prophète. Lui montrant le chemin, ils le firent parvenir à Dabra
Libānos, et lui dirent : « Demeure [là] et accepte ce que ton supérieur
te dira».

Et, il demeura là, puisant l'eau, moulant le blé, portant l'herbe,
25 coupant le bois chaque jour. Tout ce qu'il faisait donnait satisfaction
aux moines qui tous lui disaient : « Nous avons trouvé un serviteur
intelligent et bon». Abuna Yoḥannes travailla ainsi durant sept ans.
Après cela Abuna Hezqeyās, fils d'Abuna Filpos, fils de Takla Hāymānot, lui dit : « Viens, afin d'être reçu et de faire partie de la com-
30 munauté des envoyés». Sur ces mots, il lui donna le *qob* et l'*askēmā*,
et lui fit revêtir le vêtement des envoyés.

[Les moines] en firent le serviteur de l'église. Il brûlait l'encens sept
fois par jour et sept fois par nuit. Les quatre Évangiles, il les lisait
jusqu'au bout chaque matin. Les Psaumes de David, il les lisait
35 jusqu'au bout sept fois. Il se prosternait quatre-vingt mille fois par
jour. Quant aux autres prières [qu'il faisait], il était impossible de les
compter. Il vécut ainsi vingt-cinq ans, dans la continence, la crainte

---

[1] Cf. *Matth.* XVI, 26. *Marc.* VIII, 36, 37.

de Dieu. Sa nourriture, c'étaient les plantes du fleuve. Il ressemblait à
un arbre de la campagne dont l'écorce a été enlevée. Son aspect et * sa
forme antérieure changèrent, car, Abuna Yoḥannes connaissait l'ex-
plication de la parole qui dit : « Celui qui aime son âme, qu'il la perde
pour Moi et pour Mon Évangile [1] ». Et, vraiment, Abbā Yoḥannes
perdit son âme et haït sa chair pour la cause de Dieu. [Le Livre] dit
encore : « Celui qui veut venir à ma suite, [qu'il renonce à lui-même, qu'il
prenne sa croix] et me suive [2] ». En vérité, Abbā Yoḥannes suivit son
Dieu et porta sa croix afin d'être l'aide de Son Créateur, et demeura
[ainsi] accomplissant sa tâche.

Or, un certain jour, alors qu'il était dans l'Église pour offrir le sacrifice en brûlant l'encens, — c'était un samedi — Notre-Seigneur et
Rédempteur Jésus-Christ — il convient de se prosterner à sa mémoire —
lui apparut sous l'aspect d'un étranger qui arrive d'un autre pays, et
lui dit : « Que le salut soit sur toi ! » Abuna Yoḥannes lui répondit :
« Que le salut de Dieu soit avec toi, ô mon frère ! » Ayant accompli son
office, Abuna Yoḥannes dit à Notre-Seigneur : « De quel pays es-tu,
ô étranger ? Je ne te connais pas ». Notre-Seigneur sourit en lui-même
et lui dit : « Moi, je t'ai connu avant même que tu ne fusses sorti du
sein maternel ». Sur ces mots, Il lui raconta, d'un bout à l'autre, ce
qu'il avait fait pour lui avant et après sa naissance, ce qu'Il avait fait
pour lui jusqu'à ce jour, comment, Lui, avait sauvé son père lorsque
Godoleyā le pervers essaya de le faire tuer, [comment] Il avait placé sa
mère sous Sa garde. Dieu lui révéla tous Ses mystères. Il n'omit aucun
des bienfaits accomplis en faveur de notre père Abbā Yoḥannes. Il lui dit
encore : « Dès maintenant ton nom est Za-Yoḥannes, car tu seras la
joie du monde entier et par toi se réjouiront ceux qui se plaignent. Va
dans les provinces du Tigrē et à Jérusalem, car, là, tu trouveras la
grâce, la gloire, la magnificence. Voici : « Je te donne les clés de Jérusalem ; ses clés sont en tes mains. Toi, ouvre à celui qui y entre et en
sort, à tes fils et aux fils de tes fils ». Cette fois, Abuna Yoḥannes
comprit que c'était Notre-Seigneur [qui lui parlait]. Abuna Za-Yoḥannes s'agenouilla et Lui dit : « Pardonne-moi ce que je T'ai dit bouche
à bouche, Je T'avais pris pour un étranger, ô Seigneur ! Quel est mon

---

[1] *Marc.* VIII, 35. La citation, comme il arrive souvent dans les textes hagiographiques
éthiopiens, est approximative. Le texte de ce passage, reçu dans la tradition courante de
l'Église Éthiopienne est ወዘሰ ፡ ገደፈ ፡ ለነፍሱ ፡ በእንቲአየ ፡ ወበእንተ ፡ ወንጌል
የ ፡ የረክባ « Et celui qui perdra son âme pour moi et pour mon Évangile la gagnera ».
[2] Cf. *Matth.* XVI, 24. Citation incomplète ; cf. *Marc.* VIII, 34 ; *Luc*, IX, 23.

rang * et [quelle est] mon élévation ! Je suis un homme, un pêcheur. Ma   * p. 11
condition était semblable à celle d'un malheureux». Notre Rédempteur
lui dit : « O Mon élu, Za-Yoḥannes, ne parle pas ainsi. C'est là un
discours de paresseux qui ne te convient pas» Là-dessus, Il le salua et
5 Il s'éleva vers Sa demeure [1] première, dans les cieux.

Abuna Za-Yoḥannes demeura cette nuit là, sans goûter à quoi que ce
fût. Le lendemain, le lundi, au matin, un nuage lumineux l'emporta vint,
l'amena en pays Tigrē, avec Michel à sa droite et Gabriel à sa gauche.
En arrivant en pays Tigrē, il accomplit de nombreux miracles : il
10 guérit les malades, chassa les démons, rendit la vue aux aveugles et
rendit droits boîteux et estropiés. Tout ceci, Abuna Za-Yoḥannes le
fit alors que Dieu était avec lui, l'assistant sur toutes ses voies. Là,
[en pays Tigrē], il se fit un abri pour être à l'ombre. Dieu ne le lui
permit pas. Il lui provoqua des maux de ventre dont il souffrit beau-
15 coup. Toute sa chair fut rongée.

Puis, un certain jour, le nuage vint, l'emporta et l'amena, comme
d'habitude, à la porte de Jérusalem, et au tombeau de Notre-Seigneur.
Là, il rencontra l'archevêque Abbā Yoḥannes [2]. Lorsque l'archevêque
Abbā Yoḥannes le vit, il fut empli de joie et lui dit : « Qu'est-ce qui
20 t'a amené ici et que cherches-tu, car tout est dans ta main». Abuna
Za-Yoḥannes lui répondit : « La volonté de Dieu m'a amené [ici]». Là-
dessus, ils se racontèrent la Grandeur de Dieu, toute Sa Gloire, comment
Abuna Za-Yoḥannes était venu sur un nuage, tel un envoyé de Dieu,
et, était parvenu en ce lieu.

25 Peu de jours après, Abuna Za-Yoḥannes s'en alla monté sur le nuage
et parvint en un clin d'œil en pays Darā [3]. Là, il regarda sa route, celle
de Robēt [4]. Le soir, il arriva chez un homme, un pêcheur qui se nommait
Gabriel et dont la femme [se nommait] Masqal Kebrā. Les gens du
pays l'appelaient Kebrā, ayant pour habitude d'abréger les noms. Cette
30 femme était donc appelée * Kebrā tout court. Abuna Za-Yoḥannes,   * p. 12
arrivant, demeura devant la porte, et frappa doucement. Ayant entendu, Masqal Kebrā sortit rapidement, vit Abuna Za-Yoḥannes et lui

---

[1] ሀለዋ : a ici le sens attesté par les *sawāsew* : መኖሪያ ፦, ስፈር ፦.

[2] Cf. Introduction p. VIII.

[3] Darā : cf. *Guida dell'Africa Orientale Italiana*, Milano 1938, carte après la page 368, écrit « Derà »; région située sur la rive sud-est du lac Tana, entre le Gumarā et l'Abbay.

[4] Robēt : cf. GROTTANELLI, VINIGI. L., *Missione di studio al Lago Tana*, Vol. II, Roma 1939, carte après la page 176; écrit « Ruovit », localité située sur la rive sud-est du lac Tana.

dit : « De quel pays viens-tu, moine pèlerin ? De quelle famille es-tu » ?
Abuna Yoḥannes lui répondit : « Un moine n'a ni pays, ni famille. Mon
pays est loin, et de famille, je n'en ai point ». Puis, il ajouta : « Donne-
moi l'hospitalité ». En entendant ces paroles, cette femme le fit entrer.
Ensuite, elle s'approcha de lui, le salua du salut spirituel et l'introduisit ₅
dans une [partie] de la maison. Elle étendit un lit pour l'Abuna et lui
dit : « Demeure [ici] et repose-toi un peu jusqu'à ce que mon mari
Gabriel arrive ».

Or, Gabriel était sorti pêcher depuis cinq jours et n'avait rien pris
jusqu'alors. Ce jour-là, il prit des poissons en quantité, [plus] que le ₁₀
bateau ne pouvait [en contenir]. C'était quelque chose d'impossible
à dire. Avec peine, il atteignit la rive du lac.

Lorsqu'Abuna Za-Yoḥannes pénétra dans la maison de Kebrā,
cette dernière vit que le récipient à blé [était plein] à ras bord. Il en était
de même pour le récipient à beurre et à huile. Kebrā, émerveillée ₁₅
en voyant tout cela dit en son cœur : « Est-ce que Dieu ou un ange
ayant l'aspect d'un homme serait descendu chez moi ? » Puis, elle se
tut.

Son mari l'ayant appelée, elle descendit sur la rive du lac et lui dit :
« Qu'est-ce qui t'a retardé, mon maître » ? Gabriel lui répondit : ₂₀
« Depuis mon départ jusqu'à ce jour, je n'avais rien pris et aujourd'hui
me voici, mon bateau s'enfonçant [sous le poids du poisson]. Kebrā, sa
femme lui dit : « Ce qui vient de m'arriver, à moi, me stupéfait ». Sur
ces mots, elle lui dit qu'un moine pèlerin était chez eux, que la bénédiction était descendue sur leur maison, [enfin tout], d'un bout à l'autre. ₂₅

Gabriel rencontra donc Abuna. Kebrā et son mari se réjouirent
beaucoup [de la présence] d'Abuna Za-Yoḥannes, car pour eux, c'était
comme si leur père bon et spirituel, comme si leur Dieu miséricordieux
était descendu chez eux. Lorsque le soir tomba sur la terre, ils appro-
chèrent une table, l'appelèrent, l'installèrent entre eux deux.   ₃₀

Qui racontera ce que fut la joie en ce jour et cette heure, car les
* p. 13 élus se rencontrent suivant le désir de Dieu. Ils demeurèrent toute * la
nuit dans la joie, le salut, la grâce de Dieu. Abuna demeura sept jours
en cet endroit, jusqu'à ce que lui fût dévoilé par Dieu, ce qu'Il avait
ordonné. Il avait déjà entendu ¹ [dire par] l'archevêque Abbā Yoḥannes, ₃₅
lorsqu'il était demeuré [chez lui] que sa part serait l'île de Kebrā.
Mais, jusqu'à ce jour, il ne la connaissait pas. Le septième jour, alors

---

¹ Ms. ሰᎣᎩ : ነበረ : — ነበረ : semble ici faire fonction d'auxiliaire du gérondif.

qu'il dormait, un ange de Dieu lui apparut, à minuit et lui dit : « Va dès maintenant vers l'île qui est devant toi ». Et, des mains, il lui montra qu'il irait là. Puis il ajouta : « Demeure en ce lieu. Tu seras le père d'une nombreuse descendance ».

5 Lorsque le jour se leva sur la terre, Abuna Za-Yoḥannes appela Gabriel et lui dit : « Y a-t-il des hommes sur cette montagne que nous voyons ou non ? » Le pêcheur lui répondit : « Personne n'y habite. Mais, nous [sommes] nombreux à y demeurer quand nous pêchons ». Devant cette réponse, l'âme de notre père, homme de Dieu, Abbā Za-Yo-
10 ḥannes, s'emplit immédiatement de joie. Cependant, Abbā Za-Yoḥan-nes ne révéla pas sa vision.

Auparavant, Masqal Kebrā avait entendu dire par un moine [1] que « cette île était [réservée] à de nombreux frères, que de pures colombes s'y retireraient, et qu'elle ne serait pas détruite jusqu'à la fin des
15 temps ». Pour cela, elle y allait chaque mois, le jour de sa purification. Son mari l'y conduisait. Là, elle priait, afin que lui soit révélé ce qu'elle devait faire pour l'île. Pour cette raison, l'île portait le nom de cette femme qui était bonne.

[Mais], retournons à l'histoire de l'homme de Dieu, Abbā Za-Yoḥan-
20 nes, car, la bonté de Masqal Kebrā nous [en] a écartés. L'Abuna dit ensuite au pêcheur nommé Gabriel : « Emmène-moi voir cette terre, car je l'aime énormément ». Gabriel lui répondit : « Bien, mais nous em-porterons notre repas pour ne pas mourir de faim ». Abuna Za-Yoḥan-nes répliqua : « Pourquoi penser ainsi ? Dieu est celui qui pourvoie à
25 tout ce dont nous avons besoin. Partons tout simplement ». Là-dessus, le pêcheur chargea son navire, fit monter l'Abuna, et, voici que l'Abuna disparut. Le pêcheur le vit derrière lui, et cependant, il le retrouva sur le rivage, parvenu à l'île * par la volonté de Dieu, car le don parfait est * p. 14
réservé aux saints. Il ne le divulgue qu'en son temps. Ainsi dit le Livre :
30 « Et vous, quand vous aurez fait tout cela dites : Nous sommes des serviteurs inutiles » [2].

En arrivant à l'île de Kebrā, Abuna éprouva une grande joie et aima [l'île] au plus haut point. Il renvoya le pêcheur en disant : « Retourne maintenant dans ton pays. Que [Dieu] t'y fasse parvenir
35 sain et sauf. Quant à moi, je reste. Je vais demeurer deux semaines à pleurer sur mes péchés ». Sur ces mots, il renvoya le pêcheur avec

---

[1] Ms. ሰሚአ ፡ ነበረት : cf. note précédente.
[2] Cf. *Luc*, XVII, 10.

le salut. L'Abuna pénétra dans l'île, regardant son sommet, tandis que
l'ange Gabriel le conduisait comme d'habitude. Il demeura [tout]
là-haut, sur le rebord oriental de l'île, et se mit à prier, disant : « Dieu
m'éclaire et me sauve. Qu'est-ce qui m'effrayerait… », jusqu'à la
fin [1]. Il fit une autre prière, suivant l'usage établi par les Saints Pères : 5
les Apôtres et tous les moines. Ainsi faisant, il demeura [dans l'île]
quatorze jours.

Le quinzième jour, Kebrā dit à Gabriel, son mari : « Pourquoi ne
veillons-nous pas sur ce moine pèlerin et ne nous inquiétons-nous pas
de lui ? Pourquoi ne nous rendons-nous pas auprès de lui ? S'il est mort, 10
que n'allons-nous l'enterrer, et s'il est [vivant], que n'allons-nous le
visiter ? Combien Dieu nous punira-t-Il ? » « Bien » lui répondit son
mari. Elle fit des préparatifs [en vue du départ], prit des graines
bouillies, des pois, du pain et tout ce qu'il fallait afin de partir à la
recherche [d'Abuna Za-Yoḥannes].   15

Gabriel et sa femme, Kebrā, partirent, pénétrèrent dans l'île,
commencèrent à rechercher Abuna Za-Yoḥannes [mais] ne trouvèrent
pas l'endroit où il était. C'est à grand peine qu'ils le découvrirent du
côté est de l'île, faisant la prière de l'heure [canoniale], les bras ouverts,
comme son Seigneur avait ouvert les siens sur le bois de la croix. Il 20
était adossé contre un genévrier, les jambes plantées comme des
piliers, ne bougeant pas, à tel point que les vers le recouvraient des
pieds à la tête, comme un arbre sec[…] [2]. Lorsqu'ils le retrouvèrent [3],
ils le saluèrent, pleurèrent sur lui, et [se mirent] à ôter les vers [qui le
recouvraient]. Abuna- Za-Yoḥannes leur dit : * « N'arrachez-pas ces 25
vers, car, moi, je suis leur nourriture ». [Gabriel et sa femme] lui répondirent : « Pardonne-nous, ô saint de Dieu ». Abuna Za-Yoḥannes
reprit : « Saints, vous l'êtes, vous, dans toute votre conduite ». [Gabriel
et Kebrā] lui remirent ce qu'ils lui avaient apporté. Abuna Za-
Yoḥannes leur donna la bénédiction et les fit demeurer dans la joie en 30
leur enseignant la Loi de Dieu. Le lendemain, il les salua et leur dit :
« Allez demeurer dans Enṭons, l'autre île, car il ne convient pas
qu'un moine demeure avec des femmes ». Ils [se rendirent] donc là où
Abuna Za-Yoḥannes le leur avait ordonné, et ils y demeurèrent jusqu'à
leur mort. A partir de ce jour, Abuna Za-Yoḥannes interdit [— sous 35

* p. 15

---

[1] Cf. *Ps.* XXVI.

[2] Le sens de ce passage est obscur.

[3] On attendrait une forme III, 1 : ተ፫ከበዎ :, plutôt qu'un réciproque III, 3.

peine d'excommunication —] à toute femme de pénétrer dans l'île,
et, il en est encore ainsi jusqu'à maintenant. Quant à Abuna Za-
Yoḥannes, [l'existence] de nombreux [justes] cachés lui fut révélée
Pierre, Philippe, Sylvain, Takla Madhen[1] et bien d'autres encore. Ils
5 vinrent à sa rencontre, firent la prière [avec lui] et lui dirent : « Toi,
demeure [ici]. Ce sera ton héritage ainsi que celui de tes fils, et des
fils de tes fils». Sur ces mots, ils lui donnèrent la bénédiction spirituelle. Peu de jours après, ces [justes] cachés moururent l'un après
l'autre, et Abbā Za-Yoḥannes les enterra dans l'île. Que la bénédiction
10 de leur prière soit avec nous. Amen ! Quant à l'île, Abuna Za-Yoḥannes
lui donna le nom de Kebrā, femme de Gabriel le pêcheur. Ainsi, et pour
toujours, sa bonne action était récompensée. Depuis ce jour, et jusqu'à
maintenant, l'île porte le nom de cette femme.

Un certain jour, alors qu'Abuna Za-Yoḥannes marchait afin de se
15 rendre compte de la longueur, de la largeur et de l'altitude de l'île, il
vit une multitude de gens au nord de la montagne. Il leur demanda :
« Que faites-vous ici ? » «Nous attendons la venue du serpent» lui répon-
dirent-ils. « Nos maîtres nous ont ordonné de donner sa nourriture au
serpent, notre dieu».
20 Les hommes de ce pays offraient, ainsi que leur maître, Ğān Čuhay[2],
le leur avait ordonné, chacun à son tour, et chaque jour, une vache, un
vase de lait, un mouton. Tandis qu'ils racontaient ceci, le serpent arriva,
faisant trembler * la terre. Abuna Za-Yoḥannes fit sur lui, avec sa croix,   * p. 16
un signe, au nom de la Trinité. Sur le champ, le venin du serpent devint
25 inoffensif. Les gens qui étaient là dirent : « Ne nous fais pas périr sans
raison, ô Abuna ». [Abuna Za-Yoḥannes] leur répondit : « Je le tuerai au
nom de mon Dieu, et vous serez délivrés tous de ce serpent qui est
habité par le diable». Sur ce, il se mit à prier disant : « O Seigneur, Toi
qui as sauvé Daniel du dieu de Babylone, le serpent[3], comme lui,
30 Sauve-moi. [Comme Tu as sauvé] Georges[4] de la bouche du dragon,
[comme lui, Sauve-moi] car Tu chevauches le loup et le serpent et Tu
foules aux pieds le lion et le serpent[5]». Disant ceci, il bénit une seconde
fois le serpent qui retomba sur le champ et mourut par la puissance
du Seigneur d'Abuna Za-Yoḥannes. Lorsqu'on mesura le serpent, il

---

[1] Cf. Introduction p. VIII.
[2] Ğān Čuhay, cf. introduction, p. VII.
[3] Cf. *Dan.*, XIV, 22-26.
[4] Saint Georges de Lydda.
[5] Cf. *Ps.* XC, 13.

avait soixante coudées de long et dix coudées, moins une paume, de large. Les hommes partirent sur leurs bateaux et annoncèrent aux gens de Wanǧaṭā [1] et à toute la région, la mort du serpent qu'ils adoraient.

Peu de jours après, Abuna Za-Yoḥannes se rendit dans la région [5] Zagē [2]. Il rencontra les gens de ce pays qui, tous, se réjouirent de sa sa venue et firent de lui leur père spirituel. [Mais] Ǧān Čuhay, chef des Agaw, apprit la mort du serpent, car, pour chaque fête, il venait régulièrement se prosterner devant lui, le mettre au courant de ses affaires et de toutes ses difficultés. Il dépêcha ses soldats et leur dit : [10] « Qu'il ne vous échappe pas. Emparez-vous de ce moine qui a tué le serpent. Amenez-le moi ».

Lorsqu'Abuna Za-Yoḥannes apprit que la mort du serpent avait irrité Ǧān Čuhay, il quitta le pays Zagē et alla au-devant des soldats qui le recherchaient. Voyez, ô frères, combien les justes aiment leurs [15] prochains plus qu'eux mêmes. [En effet], si les soldats n'avaient pas trouvé l'Abuna, ils auraient ravagé et dévasté toutes les provinces. Abuna Za-Yoḥannes, lui, savait tout cela avant que cela n'arrivât. Il quitta [donc] le pays pour aller à la rencontre [des soldats] qui le prirent et l'emmenèrent en toute hâte chez leur seigneur. Quand Abuna [20] Za-Yoḥannes arriva chez Ǧān Čuhay, ce dernier lui dit : « Pourquoi as-tu tué le serpent que j'adorais ? Qui t'obligeait à le tuer » ? Abuna

* p. 17 Za-Yoḥannes lui répondit : « Il n'y a pas d'autre Dieu * que le mien, Jésus-Christ ».

Lorsqu'Abuna Za-Yoḥannes eut prononcé ces mots, le païen ordonna [25] qu'on l'enchaînât, qu'on le battît avec des gourdins et qu'il mourût sur place. Ils l'attachèrent donc avec de fortes chaînes, à tel point que son sang coula sur le sol et il resta enchaîné dans Amadāmit [3].

Quand le roi ʿAmda Ṣyon [4] apprit qu'Abuna Za-Yoḥannes était enchaîné, il envoya une forte troupe [et fit] dire [à Ǧān Čuhay] : [30] « Si tu ne libères pas ce moine, il n'y aura pas de paix entre moi et toi ». Sur son refus, [le roi] ordonna que l'on tuât cet orgueilleux. Ainsi fut tué et mourut l'orgueilleux Ǧān Čuhay. Abuna Za-Yoḥannes fut délivré

---

[1] Wanǧaṭā se trouve probablement sur la rive sud-ouest du lac Tana.

[2] Zagē : cf. *Guida*, carte après la page 368, écrit « Zeghiè », presqu'île située à l'ouest de Kebrān.

[3] Amadāmit : cf. *Guida*, carte après la page 368 ; montagne et région du Godjam, à environ une soixantaine de km. du lac Tana.

[4] Le roi ʿAmda Ṣyon régna de 1314 à 1344

de ses liens. Le roi ʻAmda Ṣyon, empli de joie, se rendit auprès d'Abuna
Za-Yoḥannes afin qu'il le bénît. Quand il eut reçu sa bénédiction,
le roi ʻAmda Ṣyon lui dit : « [Dis-moi ce que] tu souhaites, je te l'accor-
derai ». Abuna Za-Yohannes répondit : « Laisse-moi retourner à mon
5 ancienne demeure ¹ ». « Je te l'accorde » reprit le roi.

Le roi donna à l'Abuna de nombreux fiefs du pays Adāmā ² [allant]
jusqu'au lac, jusqu'à la frontière du Geyon ³, jusqu'à Tumha ⁴ et
jusqu'au [pays] Agaw ⁵. Le roi fit un pacte avec Abuna Za-Yoḥannes.
Ce dernier établit toutes [ces terres] en *gult* ⁶ par la volonté du roi
10 ʻAmda Ṣyon. Celui-ci appela Abuna Za-Yoḥannes, Ğān Ṣēgē; Wan-
ğaṭā, il l'appela Ğān Gabar, et la région de Zagē, Arza Libānos (cèdre
du Liban), car c'était là son pays ⁷. Puis, le roi ʻAmda Ṣyon prit congé,
dans la joie, d'Abuna Za-Yoḥannes qui lui souhaita le salut. Et, le
roi partit dans la joie et la paix.

15 L'Abuna prit la route et se dirigea vers l'île. [En chemin], il rencontra
de nombreux aveugles, boiteux, mutilés, avec toutes sortes de maux.
Il les guérit sur place. Parmi eux, en vint un, atteint de lèpre maligne,
qui dit : « De grâce, ô mon père, guéris-moi, car je sais que tu le peux. »
L'Abuna lui demanda : « Depuis quand es-tu atteint ? » L'homme répon-
20 dit : « C'est quand je me baignais dans l'Abbay que [ce mal] m'a frappé. »
Alors, [Abuna Za-Yoḥannes] fit sur [cet homme] le signe de la croix.
L'homme guérit sur le champ, semblant n'avoir jamais été malade.
Par la suite, cet homme suivit l'Abuna et devint son disciple. * Il s'appe-   * p. 18
lait Malka Ṣēdēq et fut consacré moine par la main d'Abuna Za-
25 Yoḥannes.

En entrant dans ce pays ⁸, Abuna Za-Yoḥannes instruisit les
hommes, les détourna de la voie du péché et les fit entrer dans la voie
de Dieu. Il arriva ensuite dans l'île de Kebrān, et fit une hutte pour se

---

¹ ሀለው :, cf. p. 11, note 1.

² Adāmā ne figure pas sur les cartes ; il s'agit d'une région du Godjam.

³ Le Geyon est le Nil Bleu.

⁴ Tumha : cf. carte du War Office 1/500.000, feuille Debra Marcos ; nom d'une localité
et d'une région à peu de distance à l'ouest de Danghila.

⁵ Il s'agit peut-être de l'Agawmedr.

⁶ C.à.d. « donation, fief ». Le verbe አግለለተ : n'est pas attesté dans les lexiques, mais
se rencontre parfois dans les actes de donation avec le sens « établir en fief ».

Le sens ici est peut-être « fit établir en *gult* par le roi », ou, « établit en *gult*, en consa-
crant ».

⁷ Le sens de ce passage n'est pas clair.

⁸ Le nom du pays n'est pas indiqué.

reposer. Beaucoup de gens, hommes et femmes, se réunirent et formè-
rent une communauté. Les femmes, Abuna Za-Yoḥannes les établit
dans le couvent d'Enṭons [1]. Tous étaient heureux et devinrent un seul
cœur et une seule pensée, hommes, femmes, vieillards et enfants. Les
fautes disparurent ainsi que les péchés. C'est à cette époque qu'Abuna 5
Za-Yoḥannes construisit l'église de Saint Gabriel. Puis, il partit sur
un nuage qui l'emporta et le fit parvenir aux portes de Jérusalem,
comme d'habitude. Là, il rencontra le patriarche Abbā Yoḥannes [2]
auquel il raconta son voyage d'un bout à l'autre. Le patriarche consacra
un *tābot* pour lui. Puis, le nuage revint et ramena Abuna Za-Yoḥannes 10
dans l'île de Kebrān, comme d'habitude. Abuna, lui-même prêtre
[officia et consacra] la chair et le sang du Christ tandis que Pierre, à
sa droite, et Jean, à sa gauche, l'assistaient. L'église fut consacrée
suivant tous les préceptes, et l'air s'emplit de joie.

Longtemps après, Abuna Za-Yoḥannes dit à ses disciples : « Moi, 15
je veux vivre en ermite. Je prierai pour vous. J'ai quatre-vingt-quinze
ans. Je suis devenu vieux. La fatigue s'est emparée de moi. Qu'Abbā
Malka Ṣēdēq pourvoie à tous vos besoins et désirs».

Ces paroles dites, [Abuna Za-Yoḥannes se mit à] vivre retiré, solitaire, et Dieu l'assistait dans tout ce qu'il faisait. Il finit par ne plus 20
pouvoir se rendre à l'église, car ce n'était qu'à grand peine qu'il [y]
allait et revenait à sa demeure [3]. Il passa dix années en ce lieu, et
les années pesaient de plus en plus sur lui. Sa tête s'inclinait vers le sol
[tant il était épuisé] par sa grande vieillesse, sa dévotion et son combat
spirituel exemplaire. [Il ne vivait plus que dans] l'attente du royaume 25
des cieux, aux délices indicibles et éternels.

* p. 19 * Le 10 de hamlē (le 4 juillet), le vendredi, à l'aube, tandis qu'il priait,
prosterné, le visage contre le sol, Notre-Seigneur, Notre Dieu, Jésus-
Christ, — il convient de se prosterner à Sa mémoire — vint, accom-
pagné de Michel et Gabriel et lui dit : « O mon élu, Abbā Za-Yoḥannes, 30
Je suis venu près de toi, afin de te faire te reposer des labeurs dans le
Repos, de la maladie dans la Vie, de ce bas-monde dans le Paradis de la
Joie, « lieu que les yeux n'ont pas vu, ni les oreilles entendu» [4].
Sur ces mots, [Notre-Seigneur] lui donna un pacte pour quiconque
invoquerait son nom et commémorerait son souvenir : « Que la béné- 35

---

[1] Cf. supra, p. 14.
[2] Cf. Introduction p. VIII.
[3] Cf. p. 11, note 1.
[4] Cf. I Cor. II, 0.

diction ne s'éloigne ni de celui-ci, ni de celui qui écrit ton combat spirituel ou qui le lit. Il sera près de Moi, élu, agréable, comme Melchisédech,
le prêtre semblable à Moi [1]. Celui qui chantera le cantique lors de ta fête
sera pareil à Mes anges. Ceux qui sont tes fils, Je les rendrai semblables
5 aux habitants du ciel. Quant à cette île, ils en feront une Jérusalem,
Ma ville, un mont des Oliviers, un mont Sinaï, [lieu] où J'ai donné
la Loi à Moïse, Mon serviteur. Ma bénédiction ne s'en éloignera pas [2],
et [Moi-même], J'y serai présent, surtout le jour [où sera fêtée] l'Épi-
phanie [3] dans ce monastère. Les clés de cette île et de Jérusalem, Ma
10 ville, ne font qu'un. Qu'il n'y ait dans ce pays, ni mort d'enfant, ni
[mort] d'adolescent, sauf en expiation d'un péché. Que la prière ne
s'en éloigne pas, pour toujours et à jamais».

Après avoir dit ceci à Abuna Za-Yoḥannes et lui avoir donné le
salut, Notre-Seigneur s'éleva vers Sa demeure première [4] avec Ses
15 saints anges. L'Abuna passa la nuit dans la joie et la paix, sans goûter
à quoi que ce fût, tant un grand bonheur et une grâce immense lui
avaient été accordés, qui n'avaient pas été accordés aux autres saints
et justes.

Le troisième jour, il réunit ses disciples en un endroit et leur dit :
20 « Je sais que je vais bientôt quitter ce bas-monde. Vous, ne formez
qu'un [seul] cœur, une [seule] pensée. Réunissez-vous dans l'église
pour la prière. Ne soyez pas paresseux. Soyez hospitaliers sans mur-
murer [5]. Tous, apprenez à être humbles, car le Seigneur punit les
orgueilleux et honore ceux qui baissent la tête. Ainsi, dit l'apôtre :
25 * « N'aimez ni l'or, ni l'argent. N'aimez pas les vaines louanges car les   * p. 20
vaines louanges font perdre la justice de Dieu [6]». Abuna Za-Yoḥannes
leur fit de nombreuses exhortations et ajouta : « Que personne n'hérite
de vos biens, excepté celui qui vous aura aidé durant votre vie». Puis
30 il dit : « Sera supérieur après moi, Abbā Malka Ṣēdēq, car il plaît
à Dieu et à moi-même». Quand il eut dit ceci, tous l'embrassèrent et
reçurent sa bénédiction. Ils pleurèrent et lui dirent tout en versant des

---

[1] Cf. *Gen.*, XIV, 18.

[2] ል ሴ ት : est traité ici comme un masculin, et, tout de suite après comme un féminin.

[3] Cf. E. CERULLI ; *La festa del Battesimo e l'Eucaristia in Etiopia* in *Analecta Bol-
landiana*, 68, 1950, p. 436-452.

[4] Cf. p. 11, note 1.

[5] Cf. I, *Pierre*, IV, 9.

[6] Citations non identifiées.

larmes amères : « Pourquoi [1] nous quittes-tu ? A qui dirons-nous notre tristesse, notre affliction ? »

Abuna Za-Yoḥannes pleura avec eux et ne les quitta pas. Il y eut de longues lamentations. Quand arriva l'aube du samedi, on administra à Abuna la chair et le sang du Christ. Puis, il souffrit un peu et mourut, 5 le 24 de hamlē (le 18 juillet), à l'âge de cent cinq ans. [Il était resté] vingt-cinq ans chez son père, avait servi vingt-cinq ans [au couvent de Dabra Libānos], voyagé vingt ans et était demeuré dans l'île de Kebrān trente-cinq ans. Les anges le reçurent en disant : « Celui qui a peiné dans ce bas-monde vivra toujours. Le souvenir du juste demeure pour l'éter- 10 nité [2]. La mort des justes, c'est leur vie ». L'air s'emplit d'une joie éternelle, sans fin. Vinrent alors Abbā Takla Hāymānot et tous ses fils, Abbā Ēwosṭātēwos, Abbā Antonios et d'autres innombrables saints. Ils lui dirent : « Viens avec nous, car le mort du juste est glorifiée devant Dieu. Nous sommes unis dans le Repos Eternel, et nous [avons quitté] 15 la tristesse pour la Joie Eternelle. »

En entendant les lamentations des fils d'Abuna Za-Yoḥannes, les gens du pays et de toutes les régions avoisinantes, du plus humble au plus grand, accoururent. Ils tombèrent, le visage contre terre. Les pleurs, qu'il est impossible de décrire, [coulèrent à tel point] que les 20 cellules des moines et des nonnes semblaient [inondées] par l'eau de pluie. Puis, on apporta de l'encens, et les prêtres se mirent à chanter suivant le rite pour les Pères morts. Les prêtres emportèrent Abuna Za-Yoḥannes dans la sainte église, tout en chantant des cantiques.

* p. 21   Qui pourra dire ce qui se passa en ce * jour et à cette heure. Un 25 homme raconta : « J'ai entendu des anges descendre du ciel avec un encensoir et les couronnes destinées au pur [3] ». Beaucoup sont unanimes [à dire] qu'ils ont entendu ceci et [à affirmer] que c'est vrai.

Les prêtres passèrent la journée à louer [Abuna Za-Yoḥannes] et à chanter des cantiques. Des justes l'enterrèrent dans le *qeddest* [4] de 30 l'église. Puis, ils fêtèrent son *tazkār* [5] comme il convient. Jusqu'à maintenant, tous ses fidèles fils célèbrent son *tazkār* et Abuna Za-Yoḥannes accomplit des miracles et des prodiges tous les jours, maintenant encore. Que sa prière garde son serviteur [Walda] Māryām.

---

[1] On attendrait : ለምንት ፡

[2] Cf. *Ps.* CIX, 9.

[3] Ms. አክሲላት ፡ ንጹሕ ; à corriger peut-être en —ተ ፡ ንጹሕ ፡

[4] Le *qeddest* est la seconde partie de l'église.

[5] *Tazkār* : commémoration solennelle d'un défunt.

Tu nous protèges, nous tous, qui nous sommes réunis dans la sainte église, prêtres, diacres, hommes, femmes, vieillards, enfants, afin que nous recevions la bénédiction [du saint], que nous soyons tous unis à lui dans le monde à venir et que nous prenions une part comme lui,
5 dont nous invoquons le nom et commémorons le souvenir.

Nous plaçons notre espoir dans le pacte qu'il a conclu avec son Seigneur, en sa ferme parole qui demeurera [1] pour toujours et à jamais. Amen ! Amen ! Ainsi soit-il ! Ainsi soit-il !

Ce [récit], nous l'avons écrit sans le fausser, sans [nous laisser influen-
10 cer] par les propos de bavards [2]. Nous l'avons [tiré] d'un récit juste, du récit des fidèles disciples [d'Abuna Za-Yoḥannes] … [3] Il n'y a point de mensonge dans [tout] ceci. Nous l'avons bien entendu, comme nous le mentionnions précédemment, car le Livre dit : « Nous parlons de ce que nous avons entendu et nous attestons ce que nous avons vu [4]. »
15 [Ainsi] est notre discours. [Ainsi] ce récit est-il dénué de mensonge.

Et maintenant, à nous tous, à celui qui a écrit [ce récit], celui qui l'a fait écrire, celui qui l'a lu et celui qui [en] a écouté les paroles, que Notre-Seigneur Jésus-Christ fasse entendre des paroles de joie par la prière d'Abuna Za-[Yoḥannes], homme juste, pieux, qui a ob-
20 servé la foi jusqu'à son dernier souffle, pour l'éternité. Amen !

---

[1] Lire ዘይሔሉ : au lieu de : ዘኢይሔሉ ፡

[2] Ms. መብሀለን ፡; une forme መብህል ፡ n'est attestée ni dans le *Lexicon* ni dans les *sawāsew*.

[3] Ms. እምእለ ፡ ከማሁ ፡ ቀሩባን ፡; le passage n'est pas clair.

[4] Cf. *Jean*, III, 11.

II

MIRACLES DE ZA-YOḤANNES

* Nous allons raconter quelques-uns des miracles d'Abuna Za-Yoḥannes. Que sa prière et sa bénédiction soient avec son serviteur Walda
Māryām pour l'éternité. Amen !   5
[1] Alors qu'Abuna Za-Yoḥannes se trouvait avec sa communauté,
dans l'île de Kebrān, il arriva, une fois, qu'un jeune garçon se trouva
parmi [les moines]. Ce n'était plus un enfant, mais ce n'était pas encore
un adolescent. Lorsque celui-ci manqua à son service, Abuna Za-
Yoḥannes l'appela à contre cœur, car il le savait orgueilleux. Cet enfant 10
n'obéit pas à Abuna Za-Yoḥannes qui l'appela une deuxième, une
troisième fois. [N'obtenant pas davantage de succès], Abuna Za-Yoḥannes lui dit : « Fais ton travail, afin que moi-même je puisse le
voir ». Il n'avait pas achevé ces mots, que subitement, sur le champ,
le garçon mourut.   15

Ceux qui virent ce miracle, en furent emplis d'admiration et d'étonnement. Les moines, ses disciples, dirent à Abuna Za-Yoḥannes : « Ne
nous châtie pas selon [la gravité] de notre faute. Pardonne-nous nos
péchés. Quant à cet orgueilleux, pardonne-le. Ne le châtie pas comme
il le mérite ». Alors, le cœur d'Abuna Za-Yoḥannes s'attendrit. Il pria 20
Dieu et dit : « Que Ta miséricorde, Seigneur, soit à la mesure de Ta
colère. Ressuscite-le comme Tu as ressuscité Lazare [1] du tombeau ».
Immédiatement, cet enfant se leva vivant. Ceux qui virent [ce miracle]
louèrent Abuna qui leur dit : « Que ce garçon n'hérite pas des biens de
son père. Qu'il reste à servir [dans le couvent]. » Cette sentence s'emploie 25
encore maintenant pour indiquer qu'un miracle s'accomplit.

Que la prière d'Abuna Za-Yoḥannes et le don de son aide soient avec
son serviteur Walda Māryām pour l'éternité. Amen !

[2] Miracle d'Abuna Za-Yoḥannes. Que sa prière et sa bénédiction
soient avec son serviteur Walda Māryām pour l'éternité. Amen !   30
Lorsqu'Abuna * Za-Yoḥannes séjourna en pays Tigrē, c'est-à-dire
dans le [Ha] masēn [2], il arriva qu'un pauvre se trouva au milieu [d'un

---

[1] Cf. *Jean*, xi.
[2] Province de l'Érythrée ; cap. Asmara.

groupe] de voleurs. Ce pauvre acheta un bœuf que les brigands volèrent
et mangèrent. L'ayant appris, le pauvre leur dit : « Vous, vous m'avez
volé». Les larrons lui répondirent : « Fais [donc] venir un témoin afin
que nous entendions son témoignage». De ce fait, l'inimitié se mit à
5 régner. [Quant] au pauvre, il était abattu, car la misère décourage.

Dans [le groupe], se trouvait l'Abuna Za-Yoḥannes qui écouta
l'histoire d'un bout à l'autre. Il alla du côté où était le cadavre [du
bœuf]. Les voleurs, eux, avaient préparé [la viande] dans une marmite.
Ils firent un feu, afin que la viande fût prête pour le repas du soir.
10 Abuna Za-Yoḥannes se dirigea vers [l'endroit où était la viande] et
appela de sa voix le bœuf en disant : « Parle, ô bœuf. Dis la vérité».
Alors, le bœuf ressuscita et dit que [tout] était vrai. Il ajouta : « [Ces
larrons] m'ont volé ce matin et maintenant, comme vous le voyez,
j'ai ressuscité par la prière de votre père, Za-Yoḥannes. Comment ne
15 l'avez-vous pas reconnu, puisque les diables sont brûlés par sa parole».
Devant [ce miracle] les voleurs se repentirent, se détournèrent du mal
et donnèrent beaucoup de biens à [l'homme] pauvre qui se fit moine.
Quant à Abuna Za-Yoḥannes, il alla en un autre endroit pour éviter
les vaines louanges.
20 Que sa prière et sa bénédiction soient avec son serviteur Walda
Māryām pour l'éternité. Amen !

[3] Miracle d'Abuna Za-Yoḥannes. Que sa prière et sa bénédiction
soient avec son serviteur Walda Māryām pour l'éternité. Amen !

[Un jour], un homme vint, monté sur un grand bateau, de la région
25 de Zagē vers Kebrān. Il apportait une grosse [quantité] de farine prépa-
rée pour la fête (tazkār) d'Abuna Za-Yoḥannes. Soudain se leva
un vent debout d'une violence indescriptible. Il fit chavirer le bateau et
[précipita dans l'eau] et l'homme et la farine. La farine et le récipient
furent perdus. A grand peine, l'homme en réchappa et parvint au
30 débarcadère. Tous les moines s'affligèrent et dirent : « Le tazkār
d'Abuna Za-Yoḥannes, qui n'a jamais été interrompu jusqu'à maintenant le serait-il ? * Que dirons-nous à ceux qui sont venus célébrer * p. 24
la fête de [ce saint] ? » Les moines passèrent toute la nuit à se lamenter
ainsi.
35 Au matin, un aide sortit pour puiser de l'eau pour ses besoins. Il vit,
là, un récipient de blé. Il s'assura qu'il avait bien vu, et s'en alla raconter [ceci] aux moines. Après l'avoir écouté, les moines se précipitèrent
plus vite les uns que les autres et virent la farine qui était arrivée sur
le bord du lac. Lorsqu'ils la sortirent du lac, la farine n'avait été ni

mouillée, ni [1] même renversée par tout le remous du lac. Les moines emplis d'admiration et d'étonnement par ce [miracle] le racontèrent aux autres.

Ce miracle, nous l'avons vu, nous. Voyez mes bien aimés celui qui a fait ce miracle. Ne cessons pas de fêter sa commémoration, et célébrons- 5 le, confiant en sa prière, en offrant de l'encens et le sacrifice. Que la prière agréable [à Dieu] d'Abuna Za-Yoḥannes et le don de son aide puissante soient avec son serviteur Walda Māryām pour l'éternité. Amen !

[4] Miracle d'Abuna Za-Yoḥannes : Que sa prière et sa bénédiction 10 soient avec son serviteur Walda Māryām pour l'éternité. Amen !

Tandis qu'Abuna Za-Yoḥannes était dans le Darā [2], il alla, un jour, chez un homme riche, espérant obtenir son hospitalité. Cet homme riche et orgueilleux avait le cœur dur comme Pharaon. Après avoir marché, Abuna Za-Yoḥannes se tint près de sa porte. L'homme riche 15 l'avait vu de loin. Il lui dit avec colère : « Pourquoi restes-tu ici, moine, et ne vas-tu pas ailleurs ? » Abuna Za-Yoḥannes répondit : « Parce que le soir tombe sur le pays. Où irai-je ? Héberge-moi, pour l'amour de Dieu ». Pour toute réponse, l'homme riche dit [à ses serviteurs] : « Jetez-le à terre et battez-le à bras raccourcis ». 20

Les serviteurs qui furent dépêchés dirent à Abuna Za-Yoḥannes : « [Notre maître] nous a envoyés pour que nous te battions, mais, nous nous en abstiendrons car la clémence de Dieu est sur toi et nous l'interdit ». Ayant entendu [cela] Abuna Za-Yoḥannes alla demeurer chez une femme pauvre. Il ne goûta ni blé, ni rien. Le matin, un chef vint. Il 25 combattit [l'homme riche] et le frappa au flanc droit. Ce dernier mourut sur le champ. Ceux qui virent ce miracle dirent : « Miracle de * p. 25 Dieu envers Ses saints ». Quant au chef, il donna * à la femme pauvre tous les biens de l'homme riche.

Voici ce qui arriva par la prière d'Abuna Za-Yoḥannes. Que sa béné- 30 diction soit avec son serviteur Walda Māryām pour l'éternité. Amen !

[5] Miracle d'Abuna Za-Yoḥannes. Que sa prière et sa bénédiction soient avec son serviteur Walda Māryām pour l'éternité. Amen !

Le jour où l'on [devait] célébrer la fête (tazkār) [d'Abuna Za-Jo-ḥannes] — c'était au mois de hamlē (juillet) —, durant la période où la 35 saison des pluies est la plus rude, un homme apprit qu'il n'y avait pas

---

[1] Noter la négation avec —ℒ

[2] Cf. p. 11, note 9.

de blé dans l'île de Kebrān pour le fêter. Il ordonna que l'on [y] en
envoyât. Tandis que son serviteur emportait le blé, un bandit se jeta
sur lui et [le] lui arracha. Le serviteur lui dit : « Je t'en conjure, par
le Dieu d'Abuna Za-Yoḥannes, ne nous vole pas, mais paie-moi [1] ». Le
5 bandit ne proféra pas un mot. A ce moment, un éclair apparut. Il frappa
le bandit qui fut projeté la face contre terre. Le serviteur en fut empli
d'admiration. En arrivant, il raconta [ce miracle] aux moines du couvent qui célébrèrent le *tazkār* d'Abuna Za-Yoḥannes avec l'équivalent
d'une cruche de bière [2] seulement. Tous les prêtres et les gens qui étaient
10 venus, [non seulement] se rassasièrent, [mais] en laissèrent. Les prêtres
leur racontèrent ce qui était arrivé, d'un bout à l'autre, et, comment
le bandit avait dépouillé [le serviteur]. Après avoir entendu [ce miracle],
tous louèrent Dieu, dont le nom s'était manifesté tout comme [celui
d']Abuna Za-Yoḥannes.
15   Maintenant, ô mes frères, ne parlons ni beaucoup, ni peu. Mais, que
le *tazkār* d'Abuna Za-Yoḥannes soit célébré d'un cœur constant. Ne
nous divisons pas. Ne disons pas : « Celui-ci est riche, celui-là est
pauvre », mais soyons tous égaux.
     Que la prière et la bénédiction d'Abuna Za-Yoḥannes soient avec
20 son serviteur Walda Māryām pour l'éternité. Amen !
     Ce livre, je l'ai fait écrire moi, Walda Māryām, pécheur, pour l'amour
d'Abuna Za-Yoḥannes. Celui qui volera ce livre, l'effacera ou le fera
sortir du couvent, qu'il soit maudit par la puissance de Pierre et de
Paul. Scribe [...] [3] Giyorgis.

---

[1] ከፈለ : a ici le sens de « payer », comme en amharique.
[2] ስዋ : « bière » est un mot tigrigna.
[3] La première partie du nom a été grattée.

III

« EFFIGIES » DE ZA-YOḤANNES

* p. 26 [1] * Voici que je commence sans tarder,
à chanter le salut de ton image, qui n'a pas de fin,
toi, Za-Yoḥannes, prédicateur de la Foi, fleur d'*abamé* [1],⁣   5
apprends-moi les Écritures et enseigne-moi [leur] interprétation,
comme Paul de Rome [les] enseigna à Tite.

[2] Salut à la mention de ton nom, qui est demeuré et demeurera,
aussi savoureux que la manne tombée d'en haut [2].
Za-Yoḥannes, perle, vase de la richesse de Joseph,   10
qui te ressemble, Seigneur, de tous ceux qui ont erré dans les
déserts ?
Celui qui marche dans la puissance est appelé ton fils.

[3] Salut aux cheveux de ta tête, à la couleur noire,
et à ton bonnet [3], symbole de la couronne du Christ.   15
Za-Yoḥannes, roi, les pays du royaume, chaque matin,
t'offrent comme présent un chant incomparable.
Leur trésors ont ouvert mes mains (?)

[4] Salut à ta tête. Pareille au nuage, voile du ciel,
la couronne de louange l'a cachée.   20
Za-Yoḥannes, juste, toi, Antoine, dernier des Justes [4].
Entoure-moi de ta lumière qui réjouit l'esprit,
image du Thabor et du Sinaï [5].

* p. 27 [5] * Salut à ton visage pareil à une étoile,
deux fois plus éblouissant que le visage de Moïse, le prophète [6].

---

[1] አበሙ : cf. Dillm. *Lex.*, 756. D'après les *sawāsew*, nom d'une plante odoriférante.
[2] Cf. *Ex.* xvi, 13 ss.
[3] Cf. p. 8, note 3.
[4] S. Antoine, fondateur du monachisme.
[5] Cf. *Ex.* xix ; *Marc.* ix, 2 ; *Matth.* xvii, 1 ss ; *Luc.* ix. 28 ss.
[6] Cf. *Ex.* xxxiv, 20.

Za-Yoḥannes, Bon Pasteur, toi qui n'as pas été un mercenaire [1],
dis-moi, expose-moi, les difficultés que présentent les mystères de
la Divinité
Comme la nuit à la nuit [en] donne connaissance [2].

5 [6] Salut à tes cils, candélabres de la sagesse et de la science,
réunis pour porter les deux luminaires [3] de ton corps.
Za-Yoḥannes, pommier parfumé du rivage du lac, arbre
merveilleux.
Dérobe-moi à la face de la mort avant que je ne voie ses pas,
10   Comme ton Dieu a caché Hénoch [4].

[7] Salut à tes yeux qui des ténèbres ont été dessillés,
afin de voir les mystères de Dieu qui sont cachés dans les hauteurs.
Za-Yoḥannes paré de l'habit de la pureté et de la virginité,
brise de ton bâton l'insidieux adversaire de mon âme,
15   comme un lourd vase de terre [5], ou un léger vase de cristal.

[8] Salut à tes oreilles aux fenêtres ouvertes
afin d'écouter la voix de Dieu et de veiller à Ses commandements.
Za-Yoḥannes, remède [contre la faute] d'Eve, prie Dieu
afin qu'il guérisse ton fils de la maladie du péché,
20   car mes deux oreilles sont sourdes [à Sa voix].

[9] Salut à tes joues qui évoquent [ta] justice et [ta] rectitude [6].
Sur elles, ont coulé les flots de la pénitence, les larmes.
Za-Yoḥannes, riche, trésor caché,
* guide-moi sur la voie de l'humilité, [éloigne-moi] de la voie du   * p. 28
30   pécheur,
afin qu'avec le Christ je règne dans l'Autre Monde.

[10] Salut à tes narines qui respiraient toujours
le parfum suave de l'offrande.

---

[1] Cf. *Jean*, x, 11 ss.

[2] Cf. *Ps.* xix, 3.

[3] Cf. *Gen.* i, 16.

[4] Cf. *Gen.* v, 24.

[5] Cf. *Ps.* ii, 9.

[6] Littéralement : « Salut à tes joues dans (ou : par) le souvenir de la justice et de la rectitude ». D'après le commentaire d'un savant éthiopien, il faut entendre : « En pensant à ta justice et à ta rectitude, il convient de saluer tes joues ».

Za-Yoḥannes, *mamher*, qui[1] a engendré des milliers [de fils
spirituels],
la mer de ton amour, toujours pleine, intarissable, me submerge.
Que la barque de ta puissance spirituelle soit pour moi un passage.

[11] Salut à tes lèvres qui font couler la grâce,   5
qui exhale l'encens et le nouvel onguent de l'Évangile.
Za-Yoḥannes, vigilant, qui ne cherches pas le sommeil
entoure ma tête de ta sainte foi
comme le Tigre, flots du Paradis, entoure la Perse[2]

[12] Salut à ta bouche qui a révélé à tous   10
la gloire de la Vierge Marie, et du Fruit de ses entrailles.
Za-Yoḥannes, soleil qui gouverne le jour,
afin que le serpent ne me morde jamais
fais du talon de mon pied fer et airain[3].

[13] Salut à des dents, déjà louées,   15
plus blanches que la grêle qui tombe sur la montagne[4].
Za-Yoḥannes, Pierre, qui[5] prêche [l'Evangile] au monde,
voici que j'ai labouré le sol de ta justice avec le parfait soc des
lèvres :
sème trois *entelām*[6] du blé du Saint Esprit.   20

[14] Salut à ta langue à la [douce] parole et au doux discours,
* p. 29   * la renommée de son verbe est parvenue jusqu'au bord de la mer.
Za-Yoḥannes, sommet, chef des montagnes[7].

---

[1] Noter l'emploi de አንተ : pour ሕ : ; cf. Dillm. *Lex.* s.v.

[2] Noter le nom de lieu à l'accusatif ; cas rare dû à la nécessité de faire rimer.

[3] Peut-être allusion à *Gen.* III, 15.

[4] በልዓዎን : n'est pas attesté dans Dillm. *Lex.* ; le *sawāsew* de Moncullo traduit par
ደጋ :.

[5] አንተ : pour ሕ: ; cf. supra, note 1.

[6] *entelām* : cf. R. Pankhurst, *Journal of Ethiopian Studies*, vol. VII, nᵒ 2, p. 117
et 148. Mesure qui varie de province à province et tourne en gros autour de 192 kg.,
ou encore va de 173,6 l. à 408 l.

[7] አይባሬ : ድኁን : Dillm. *Lex.* mentionne pour ድኁን le sens de « creux,
creusé », Le *sawāsew* de Moncullo glose par : ጽኑ : « fort, tenace », et ትሑት : « humble,
modeste ».

libère-moi, pour l'éternité, de l'esclavage amer.
Ton amour, maître des foules, est fils de l'amour.

[15] Salut à ta voix, prompte [1] à vaincre et mettre en fuite,
qui tranche le cou des impies lorsqu'elle sort de la bouche. (litt :
de son endroit)

Za-Yoḥannes, prêtre, qui offre l'agneau du Salut,
que la force de tes mains précipite mon ennemi dans l'abîme de
la mort,

comme Dieu, Créateur de la puissance, a précipité les Ténèbres.

[16] Salut à ton haleine au parfum agréable
qui tire les âmes à l'extérieur et les pensées qui sont à l'intérieur.
Za-Yoḥannes, perle qui ne peut s'acheter [2],
donne-moi ta bénédiction, plus précieuse que les biens d'ici-bas,
car tu es le maître de la loi, le seigneur parfait.

[17] Salut, dis-je, à ta gorge,
plus suave que le sang de la vigne et le vin d'une amphore.
Tu es venu ici comme un ami et comme un serviteur,
avant que n'ait lieu la résurrection des pécheurs et des justes de
la terre,

sépare le fétu de mon péché [du grain], Za-Yoḥannes, van.

[18] Salut à ton cou. Au lieu d'un collier d'or périssable [3],
il prit pour ornement l'*askēmā* des anges, les séraphins.
Za-Yoḥannes, plus agréable que la beauté... [4] et la fleur de
Ṭeqemt [5],

* l'esprit de ta grâce est sur mon esprit [comme la fleur] de *Tefi* [6],   * p. 30
comme Élie le Thesbite et Hénoch le scribe.

---

[1] መጥበዕት :, forme non enregistrée par Dillmann.

[2] Ms. ሣጥ : ; qui n'existe pas ; il faut lire ሤጥ : « prix ».

[3] Dans toute cette strophe, le copiste a usé par erreur d'une rime en —ሬ :, au lieu d'une rime en —ሪ :.

[4] ሐሲዘዘ :, forme non attestée ; G. DE MAGGIORA, *Vocabulario*, p. 26 connait « ሐሰዘዘ », « fructifier, porter des fruits ».

[5] ተወሬ : est glosé dans le *sawāsew* de Moncullo par ጥቀጥት :

[6] ተሪ :, d'après un renseignement oral serait un nom de fleur.

[19] Salut, dis-je, à ton épaule,
qui a porté le joug de la croix à l'heure de la fatigue, [à l'heure]
de la sueur [1].
Za-Yoḥannes, livre utile, qui ne ment pas,
lorsque l'homme incirconcis t'a entendu, il a renié la croyance 5
en [les idoles de] pierre sculptée,
et le culte du serpent, il [l']a abandonné.

[20] Salut à ton dos, tout entier enveloppé
du vêtement de l'agréable lumière de la clarté du temps.
Za-Yoḥannes, huile, olivier sauvage [2] de la campagne et des 10
champs,
[ta] clémence est embaumée de ton parfum et de ton huile,
toi seul peux faire briller mon visage.

[21] Salut, dis-je, à ta poitrine bâtie
au-dessus du genou et de la jambe [3].   15
Za-Yoḥannes, [tu es] loin de la route de l'erreur et de la chute.
La flamme ardente de ton amour me brûle, me consume,
comme la flamme dévore le bois.

[22] Salut, salut à ton giron sublime,
lieu de la connaissance, agréable reposoir de la sagesse.   20
Lorsque retentit dans mon oreille la puissance du vent
engloutisseur,
arrache-moi à la mer du Jugement terrible, [mène-moi] auprès
de toi,
Za-Yoḥannes, vaisseau d'or, onyx.   25

* p. 31 [23] * Salut à tes mains qui n'ont pas touché la mort
car les deux mains de Dieu les ont sanctifiées.
Comme tu t'es éteint de son candélabre, Za-Yoḥannes, sa lumière,
le couvent de Kebrā te pleure [4] et [se lamente] sur des tons
différents, 30
[ainsi sont] les pleurs d'une femme qui a perdu son époux.

---

[1] État construit à deux compléments : ሰዓት ፡ ይነግሞ ፡ ወሐፍ ፡

[2] Le bois de l'olivier sauvage est renommé pour sa robustesse.

[3] La forme ቍጸ ፡ au lieu de ቍይጸ ፡, n'a été trouvée par Dillmann que dans l'é-
dition romaine de *Jean*, cf. *Lex.*, s.v.

[4] Il faut sans doute corriger ታበኪየከ ፡, on ትበኪየከ ፡.

[24] Salut à tes bras plus imposants et solides
que les bras vigoureux [1] de Samson, prophète de Dieu [2].
Za-Yoḥannes, sage, maître des sages et des philosophes,
de tes vingt-quatre compagnons, prêtres de la foi et l'espoir [3]
5   les grandes actions, ont été écrites sur toi (?).

[25] Salut à tes coudes. [...] [... [4]]
qui sont joints [5] parfaitement à tous les membres.
Za-Yoḥannes, maître, sur ton ordre, la lumière
a illuminé le sanctuaire de Kebrā, plus vivement que les étoiles
10   resplendissantes ;
et sa fondation, dit-on, est [telle] que l'œil n'en a pas vu de
semblable.

[26] Salut à ton avant-bras, bâton ferme de la constance,
qui mesura jadis le sanctuaire de la peine et du combat spirituel.
15   Za-Yoḥannes, bien-aimé dans le cœur du Christ qui appose le
sceau [6],
Couvre-moi d'un vêtement de gloire — le tisserand n'en fait pas
de pareil —,
afin que l'œil de la mort, qui apporte la douleur, ne me voit jamais.

20 [27] Salut à ta paume, qui a reçu de la main
de Dieu Un, l'excellent calice de la bénédiction.
Za-Yoḥannes, désiré, nard, aux [bonnes] actions suaves
* Afin d'annoncer la nouvelle de ta mort à ceux venus de loin   * p. 32
l'armée de l'ange Gabriel est descendue du ciel.

25 [28] Salut à tes doigts qui ont touché la flamme

---

[1] Ms. ክዑ፡ :, à corriger peut-être en ክቡይ :.

[2] አልፋ : est un nom symbolique de Dieu.

[3] Il s'agit sans doute des vingt-quatre Seniores du ciel ; cf. *Apoc.*, IV, 4.

[4] በአግንትተ : du manuscrit est incompréhensible.

[5] Dillm. *Lex.* ne connaît que la forme III, 3 ተሰናሰለ : La forme ተሰንሰለ :, comme ici, est attestée par Kidāne Wald Keflē ainsi que par le *Supplément* de S. Grébaut, p. 411 et p. 453.

[6] ሐታሚ :, cf. Grébaut, *Supplément*, p. 458, sous ነታሚ :« qui appose le sceau » ; l'exemple cité s'applique au Christ. Dillm. enregistre le mot avec la mention « Lud. sin. auct ».

[qui brûle] sur le tabernacle de la justice que les Juifs crucifièrent
en chair.
Za-Yoḥannes, royaume, qui n'a été livré à personne,
domaine des Pères parfaits ; les fils de l'anachorète et du pèlerin
ont appelé ta maison un havre.   5

[29] Salut aux ongles de ta main, semblables à une maison [bien]
construite,
façonnés avec art par un maître en sculpture.
Za-Yoḥannes, [comme le] Christ, grand-prêtre
le Shéol a été vaincu par ta puissance, plus forte que le péché de 10
l'Ancien Testament,
et ta résurrection a rendu faible les clous de la mort.
[30] Salut à ton flanc, qui dans le lit du maître et du roi [1]
ne s'est pas allongé lorsque le sommeil s'est emparé de lui.
Za-Yoḥannes, consacré à Dieu, sous ta peau excellente,   15
ceux qui ont vu tes os, l'humilité de la pensée et de soi
ils ont enseigné à eux-mêmes et aux gens de la mer et de la terre.

[31] Salut à ton ventre, tableau de la clémence et de l'indulgence,
où est inscrit le nom du Créateur très haut.
Za-Joḥannes, envoyé, messager de la Loi, l'Évangile,   20
ouvre pour moi, Seigneur, les portes du langage et de l'éloquence,
afin que je dise ta puissance aux régions lointaines.

[32] Salut à ton cœur, trésor de l'or de la foi,
et d'une précieuse perle au prix inestimable.
* p. 33   * Za-Yoḥannes, resplendissant, beauté du globe du soleil,   25
fais-moi participer aux noces nouvelles de ton Dieu
lorsque Son peuple, les saints, se rassemble pour le festin.

[33] Salut à tes reins, pareils à un vase d'or et d'argent,
qui ont été ensemble éprouvés au feu de l'amour du Premier-Né.
Za-Yoḥannes, étai, support du *tābot* glorieux,   30
projette mes ennemis dans le pays de la douleur et du tourment.
Ta prière est tonnerre et ton pouvoir éclair.

---

[1] Peut-être est-ce une allusion à la jeunesse de Za-Yoḥannes, qui passa ses jeunes
années dans le palais de son père.

[34] Salut à ton esprit qui n'a pas songé à la gloire terrestre,
mais uniquement à la gloire et la grâce célestes.
Livre de mon salut perpétuel, Za-Yoḥannes, fils de l'intelligence,
porte-moi sur tes épaules, si le serpent me poursuit,
5 ainsi, la colonne soutient-elle la voûte de la maison bâtie.

[35] Salut à tes viscères, dans un vêtement d'honneur
qui va toujours de pair [1] avec un hymne pur.
Za-Yoḥannes, Aaron, qui a brûlé les fils de Coré [2],
le bâton de ta main, qui n'est pas desséché [3], a fleuri [4]
10 pour donner le fruit de la louange à son créateur.

[36] Salut à tes entrailles qui, de jour en jour
ont brûlé d'amour pour Dieu, sans chercher rien [d'autre]
Za-Yoḥannes, David, puisque tu es mon seigneur,
enseigne-moi la loi de l'humilité plutôt que celle de l'orgueil [5]
15 qui fait descendre la condamnation et revêtir la mort.

[37] * Salut à ton nombril, milieu de ton corps.   * p. 34
Sa beauté, quand il apparaît, est plus agréable que celle de l'étoile
             brillante et de la lune.
Za-Yoḥannes, compagnon du Maître du pays de Galilée,
20 la mer de ton pays dont la puissance est redoutable,
Avec le bâton de ta main tu as maîtrisé ses flots [6].

[38] Salut à tes lombes qui se tiennent sur la terre ferme,
se ceignent de l'épée de Dieu et affermissent le faible.
Za-Yoḥannes, vivant, qui ne vois pas la souffrance,
25 l'orgue de ta voix réveille l'endormi,
et ta bénédiction, la malédiction anéantit.

---

[1] Ms. ዘይትባእ :, à corriger peut-être en ዘይትጋባእ :, « être joint, associé, aller de
pair ».

[2] Cf. *Nombres*, XVI.

[3] ዐበረ :, est attesté par GRÉBAUT, *Supplément*, avec le sens de « sécheresse ».

[4] Cf. *Nombres*, XVII, 16-24.

[5] La fonction de ነፍሰት : n'est pas claire.

[6] Cf. *Marc*, IV, 35-41.

[39] Salut à tes cuisses réunies sur le siège d'or,
comme des piliers de marbre.
Za-Yoḥannes, saint, fils de l'église,
la senteur de ta bonté, le parfum de ton amour [est] rose
et toutes les pensées de la blanche colombe (= Za-Joḥannes ?) 5
                                                    planent.

[40] Salut à tes genoux, qui, en secret ou en public,
devant la gloire de Dieu, sans compter, se sont prosternés.
Za-Yoḥannes, conseil, qui raffermit les nations,
Moïse et Nob qui, par la grâce ont fait de toi [leur] fils   10
te donnent la main pour que tu me bénisses.

[41] Salut à tes pieds, sur lesquels fut aperçu
un ange debout, jusqu'à ce qu'ils aient trouvé la justice (?)
Za-Yoḥannes, croix, j'ai fait de toi [mon] support;
convoque-moi à ton festin, ne t'ai-je pas un peu invoqué,   15
car mes jours fuient comme la fumée.

* p. 35 [42] * Salut à tes talons qui, par leur foi ont échappé
à la morsure du serpent pervers qui séduisit Eve [1].
Za-Yoḥannes, baptisé par le sang de Jésus, Dieu, *iota* [2],
l'eau du lac t'a supporté lorsque tu l'as passée,   20
comme le nuage brillant et précieux.

[43] Salut à la plante de tes pieds, sandales de l'Évangile.
Son nom est prêtre de l'Ancien Testament.
Za-Yoḥannes, puissant, porte-parole de tous les puissants,
Haut de soixante coudées   25
et large de dix.

[44] Salut à tes orteils, dans [leur] vêtement de louange et de majesté,
à tout regard ils sont cachés.
Za-Yoḥannes, refuge, ville d'asile,
que je sois sauvé par toi, seigneur, le jour du Grand Jugement   30
car tu m'as engendré par l'esprit et par l'eau.

---

[1] Cf. *Gen.* iii, 15.
[2] ̅Ｐ̅ｕｒｉｊ · est un nom symbolique du Christ.

[45] Salut aux ongles de tes pieds qui poussent et s'élèvent
du tronc des dix orteils, sans manque, ni défaut.
Za-Yoḥannes, plein de grâce, ton seigneur est le premier en grâce ;
afin de libérer les gens de ta famille de la loi du péché
5   par l'action de l'esprit, tu as tué l'action de la chair.,

[46] Salut à ta stature qui a les proportions
de celle d'un homme beau.
Za-Yoḥannes, tu supportes les difficultés de tous les pays.
Par amour pour le Christ, roi d'hier et d'aujourd'hui,
10   tu as méprisé les délices de ce bas monde.

[47] * Salut à ton image dont la vue est plaisante, la beauté agréable. * p. 36
Za-Yoḥannes, sanctuaire, autel du Seigneur,
par ta bénédiction, ton peuple, qui a peiné et travaillé
s'est multiplié, et son nombre, le nombre des grains de
15   sable de la mer, a dépassé [1].

[48] Salut à la sortie de ton âme [sortie] de la demeure étroite de son
corps,
portée sur les ailes des chérubins.
Za-Yoḥannes, lampe, étoile resplendissante,
20   plus grand que le serpent par ta sagesse,
et que la douce colombe par ta mansuétude.

[49] Salut à la dépouille de ta chair. [Comme la dépouille de la chair]
de tous les Pères,
Elle est vivante chez le Dieu vivant.
25   Za-Yoḥannes, senteur,
Ils affluent sur la route du combat spirituel, [suivant] ton pur
parfum,
Les hommes des couvents et des lieux saints.

[50] Salut aux funérailles de ton corps, sur lequel ils ont accompli,
30   — la parure de l'amour, les disciples — les rites destinés à tous les
hommes.
Za-Yoḥannes, livre dont le sceau n'est pas brisé,

---

[1] Cf. *Gen.* XXII, 17.

ils sont été remplis d'admiration par tes préceptes et ont été
stupéfaits par ta loi,
les premiers qui ont été engendrés par toi.

[51] Salut à ta sépulture, lieu de salut et de concorde.
Ceux qu'on y rencontre sont [tes] fils spirituels. 5
Za-Yoḥannes , fils de Takla Hāymānot le juste,
depuis que tu es instruit dans la prédication de Gabriel l'archange,
Dabra Libānos, ta mère nourricière, chante avec ardeur ta
louange.

* p. 37 [52] * Mon âme glorifie le Seigneur, parce qu'Il m'a appelé selon Sa 10
volonté.
La louange de ton portrait, d'un bout à l'autre, je la chanterai.
Za-Yoḥannes, rappelle-toi ceci seulement.
J'aime ton nom. Celui qui est avec tes pensées l'a invoqué.
Du travail de ta main, donne m'en pour rien. 15

[53] Za-Yoḥannes, Noé, lorsque la fin des hommes arrivera,
tu seras l'hériter de la droiture de la foi
aux multiples nuances.

[54] Salut, Za-Yoḥannes, Job, à la patience parfaite.
[Contre] l'ennemi [tu as lutté] sans jamais te lasser. 20
Ton esprit est celui d'un homme pacifique.
Za-Yoḥannes, Ephrem, grandeur de Notre-Dame,
la divinité t'a fait artisan du discours,
prophète et apôtre.

[55] Salut à Takla Hāymānot, maître, 25
[et] Za-Yoḥannes, son fils [spirituel];
les rois de la terre sont allés jusqu'à se prosterner devant toi,
qui as été élevé dans l'enceinte [de verdure du couvent].

[56] Salut [à] la vermine de la terre qui a recouvert ton corps et ta
tête [1]. 30
Za-Yoḥannes, Mār, au moment du jugement dernier;

---

[1] Probablement allusion à l'entrée à Kébrān ; cf Actes, tr. p. 14.

Dès qu'il a vu [sa dignité en ce jour], il l'a désirée [et a tout fait
pour la gagner].

[57] Salut ! A l'endroit où [les saints] ont été, vous serez la communauté
du premier-né, le Christ.
Za-Yoḥannes, tu as supporté la charge de la misère
5   qui tue la vie de l'âme.

[58] * Lorsque se lèveront contre moi les mains de la corruption et de la * p. 38
perdition,
que ta force unique, Gabriel,
[soit pour moi] un refuge de rédemption, un asile de clémence,
10   parfum de tous, Za-Yoḥannes, pomme.

IV

COLOPHON DU MS. DES ACTES DE ZA-YOḤANNES

* p. 39   * Nous écrivons l'histoire d'Abuna Za-Yoḥannes, *mamher* de Kebrān, et l'histoire des rois [qui se sont succédés], [depuis la fondation de Kebrān] jusqu'à ce jour, afin que le souvenir en demeure.   5

Abuna Za-Yoḥannes entra [à Kebrān] la dixième année du règne de Ḥaṣē 'Amda Ṣyon [= 1324].

Puis, furent établis les *mamher* Ferē Qirqos et Ṭimotēwos. Ensuite régna et mourut Ḥaṣē Sayfa Ar'ād [1344-1372]; alors, fut établi le *mamher* Nagada Krestos. Puis, régna Ḥaṣē Dāwit [1382-1411], alors, 10 fut établi le *mamher* Ṭimotēwos. Ensuite régna Ḥaṣē Yeshāq [1414-1429]; alors, fut établi le *mamher* Aron. Ensuite régna Ḥaṣē Tēwodros [1] [1411-1414]; alors fut établi le *mamher* Ḥeṣān Mawā'i. Ensuite régna Hezba Nāñ [Takla Māryām, 1430-1433]; en son temps fut établi le *mamher* Masqal Mawā'i. Ensuite régna Ḥaṣē Zar'a Yā'qob [1434-1468]; 15 en son temps fut établi le *mamher* Ferē Māhbar. Puis, régna Ḥaṣē Ba'eda Māryām [1468-1478]; en son temps fut établi le *mamher* Daniel. Ensuite régna Nā'od [1494-1508], et, en son temps, fut établi le *mamher* Isāyeyās. Ensuite régna Wanāg Sagad [Lebna Dengel, 1508-1540]; en son temps fut établi le *mamher* Berhāna Masqal.   20

[Za-Yoḥannes] quitta le Choa dix ans après la mort d'Abuna Takla Hāymānot. Il [gagna] ensuite le pays d'Emaberā [2], et arriva dans la maison de Gabriel, dont la femme s'appelait Kebrā, guidé par Nāblis, l'ange, et y resta.

Il entra dans l'île, car elle était sa part, par la volonté du Seigneur 25 très haut et puissant. [L'église] et l'île furent appelés d'après les noms [de ceux qui l'avaient reçu] : l'une fut appelée [Gabriel comme] l'ange [et le pêcheur, et l'autre Kebrā].

---

[1] La chronologie est perturbée ; Tewodros régna avant Yeshāq.
[2] Emaberā n'a pas été identifié, il doit s'agir d'un nom de lieu du Darā.

V

HISTOIRE DE LA CONSTRUCTION
DE L'ÉGLISE DE KEBRĀN DÉDIÉE À ST. GABRIEL

* Nous allons écrire l'histoire de ce que fit notre roi Iyāsu — son nom   * p. 40
royal est Adyām Sāgad [1] — pour l'église de Kebrā, lorsque, durant son
règne, se construisit le sanctuaire de Gabriel.

Tout d'abord, il donna le casque de sa tête, autrement dit, sa
couronne [2], puis, la bande d'or dont il ceignait ses reins, autrement dit,
sa ceinture. Le total des dinars d'or, donnés par le roi pour la construction de l'église, se montait à cent dix. En outre, le roi ordonna [aux
provinces] du Dēnsā [3], de l'Ēlmānā [4], du Bāhr [5], de l'Arusē [6], et du
Dagbāsā [7] de fournir la chaux nécessaire à la construction. Le Lātā [8]

[1] Sāgad ; erreur du ms. pour : Sagad.

[2] GUIDI, *Chron.* p. 109, l. 34. … « Lui-même se rendit à l'île de Kebrān, pour inspecter
la construction des fondements de l'église qu'il faisait bâtir, en brisant la couronne de
sa tête, *pour en faire les frais*, pour l'amour de l'ange Gabriel, car il était son ange gardien
dès son enfance ». (après le 24 de sanē 1687 = après le 28 juin 1687).

[2] Ici il s'agit sans doute d'une mesure de poids pour l'or ; dans DILLM, *Lex.* ደጐር est
glosé par ወቄት : « once ».

[3] Pour l'ensemble des notes géographiques voir aussi les passages suivants de GUIDI,
Chronique : p. 102, l. 30. … « Le 15 de Ṭeqemt… il [le roi] envoya Abētyē par la route
de Bad pour traverser et l'attendre dans le district de Sārkā avec tous les Čawā des
Bahr Arusē et Dagbas, et tous les Čawā de Ačafar… », (Guidi traduit « Bahr Arusē »
mais note que les manuscrits parlent de Bahr et d'Arusē. Notre manuscrit confirme qu'il
s'agit bien de deux noms.) ; — P. 177, l. 36. « Il donna ordre et envoya avec lui [le grāzmāč
Amonēwos] tous les Čawā des Bahr Arusē, des Ēlmanā et des Densā » ; — P. 186, l. 6.
… « il fit le rappel sous les armes de tous les Čawā qui demeuraient au-delà du fleuve
Abāy, à savoir : les Ēlmanā, Densā, Bahr Arusē, les Dagbāsā, Abolē… » ; — Dēnsā :
région du Godjam située au sud du lac Tana, à l'est de Danghila. (cf. carte de la *Guida
dell'Africa Orientale Italiana*, après la page 368).

[4] Ēlmānā : région du Godjam, entre Dabra Mai et le Nil Bleu. (cf. carte au
1/500.000 du War Office, feuille Debra Marcos : écrit « Ilmana »).

[5] Bāhr : d'après l'ensemble des textes, il semble s'agir d'une région du Godjam au sud
du lac Tana.

[6] Arusē : petit district (ምክትል : ወረዳ : ገዘት :) de l'Ačefer, région sur le cours
inférieur du Petit Nil. (cf. *Guida*, carte après la page 368 : écrite Ačefer.).

[7] Dagbāsā : d'après un renseignement oral, dans l'Ačefer.

[8] Lātā : sur la rive est du Petit Nil, à l'ouest de Zagē. (cf. carte de la *Guida*, après la
page 368).

fournit les tiges de papyrus pour les barques. Son chef était Badoyē. Ēlyās, le chef des Gāllā de la région de Darā [1], fit venir les fibres dont on fait les cordes [2]. Les enfants d'Abutē, Ṭarsēdā et Badoyē apportèrent les planches [3] nécessaires [à la construction] de l'église [4].

Les poutres vinrent de Kwākwarā [5]. Le *bitwodad* [la plus haute dignité du royaume] en était Šāmāt Yoḥannes [6]. Le chaume [pour le toit] arriva de Leǧomē [7] et Mošā [8]. Les montants [des portes] [9], les seuils [10] et les linteaux [11] [arrivèrent] du pays de Wanǧaṭā [12], apportés par les « Naǧ Adāwo » [13].

---

[1] Darā : cf. p. 11, note 3.

[2] ፉረት : amharique, « fibre végétale, écorce pour faire des cordages ».

[3] ሰንቃ : amharique, « planche épaisse et rabotée, battant de porte ».

[4] ዐርብ : en amharique ጦርብ : « bois équarri formant charpente [du toit] ». (BAET. 1155).

[5] Kwākwarā : région située à environ 15-20 km. au sud de Dangila. (cf. carte du War Office, feuille Debra Marcos : « Quoquara » ; cf. carte de la *Guida*, (après la page 368) localité « Quocra », sur la route Danghila-Debra Marcos, et cf. également la *Guida*, p. 371, en bas, localité « Quacherà »).

[6] Šāmāt Yoḥannes : cf. *La Chronique abrégée* : p. 154, l. 5. [la douzième année de son règne] ... « Le 7 de ḥamlé [le 11 juillet 1694], on commença à célébrer la fête de la Trinité à Dabra-Bërhän. Iyâsou destitua Châmât Yoḥannës de sa charge de Bëht-Ouadad et l'envoya gouverner le Dâmot » ; — P. 155, l. 16. « La quinzième année de son règne — temps de l'évangile de Mathieu — le 2 de maskaram [9 septembre 1696], l'Ajâz Qérlos d'Azazo fut destitué, et Châmât Yoḥannës emprisonné à cause de l'accusation portée contre lui par le dadjazmâtch Hëzqyâs (Ezéchias) au sujet d'une épée donnée en présent. La trahison de Châmât fut attestée au milieu des magistrats et des Azâj, dans la maison du bâchâ Yâʿquob » ; — P. 164, l. 25. « La vingt-deuxième année de son règne [1704] ... et Châmât Yoḥannës affirmèrent par serment que Iyâsous-Mo'a était fils d'Abéto Téoudosyos (Théodose), fils du prince 'Âlam-Sagad » ; — P. 170, l. 9. « ... le 30 de myâzyâ [1706] ... Takla Hāïmânot (fils de Iyâsous) reste à Aringo, occupé à destituer et à nommer des fonctionnaires : Châmât Yoḥannës perdit sa place de dadjazmâtch de l'Amhârâ... » cf. également GUIDI, *Chron.*, p. 191, 192, 193.

[7] Leǧomē : sur la rive sud du lac Tana, à l'est de l'embouchure du Petit Nil. (carte de la *Guida*, après la page 368, écrit « Ligiomi » et carte du War Office, écrit « Legiome »).

[8] Mošā : au sud de Leǧomē, sur la rive ouest du Petit Nil. (carte de la *Guida*, après la page 368, écrit « Muscia »).

[9] መቃን : amharique : « linteau, encadrement d'une porte ».

[10] መድረክ : amharique : « seuil de porte ».

[11] ትብን : amharique : « architrave de porte ».

[12] Wanǧaṭā : cf. p· 16, note 1.

[13] Naǧ Adāwo : non noté dans les dictionnaires. Il s'agit peut-être d'un corps de troupe

Le roi ordonna au *kantibā* [maire de Gondar] Qērelos [1] de faire apporter des pierres [2], depuis Menzero [3] jusqu'à Gulqābā [4], par des fusiliers [5] et tous les gens — depuis le pays de Danqaṣ [6] jusqu'à Ārabeyā [7] — qu'il réquisitionna. [Ces pierres] devaient être les piliers

5 de l'église. Le roi donna dix maçons et deux forgerons. Leur nourriture se montait à sept cents mesures [de grain] [8], fournies par le trésor [9] et quatre-vingt-dix bœufs.

La construction commença de magābit. Le *mamher* [le supérieur] du couvent était alors Abbā Malke'a Krestos, le *gabaz* [prêtre qui remplit

10 les fonctions d'intendant, de trésorier], Abbā Malke'a Krestos, le *rāq māserā* [maître des cérémonies], Abbā Bahāyla Māryām et le *liqa abāw* [le chef des moines] Lesāna Krestos. Le surveillant du matériel arrivé pour la construction était Takla Māryām. La construction fut achevée au mois de magābit, sept ans après qu'elle eût débuté. Elle avait

15 commencé sous le règne * d'Adyām Sāgad [10]. Le roi donna, chaque   * p. 41

---

[1] Cf. GUIDI, *Chron.*, p. 161, l. 5. « Le 50 (sic) de Hamlē mourut le kantibā Qērillos ». Cf. également *La Chronique abrégée*. p. 144, l. 21. « ... le 3 de hamlé, il revint à Gondar. Le 30 du même mois, mourut le Kantibâ Qérlos (Cyrille). » [le 7 Juillet 1691].

[2] አብነ ፡ በረቀ ፡ expression inconnue. GRÉBAUT, *Suppl.*, p. 456 enregistre : በረቀ ፡ « lumière, lueur éclatante ». Peut-être le sens est-il « pierres brillantes, éclatantes » ? En fait, l'église est construite en pierres rouges.

[3] Menzero : dans le Dembyā, à peu près à mi-chemin entre Gondar et le lac Tana, écrit « Minzero » sur la carte de la *Guida*, après la page 368, et celle du War Office (feuille Gondar).

[4] Gulqābā : non identifié ; sans doute dans le Dembyā.

[5] ነፋጥኛ : amharique : « fusilier ».

[6] Danqaṣ : à environ une vingtaine de km. au nord-nord-est du lac Tana ; ancienne résidence impériale. Sur la carte de la *Guida*, après le page 368, écrit « Denches », sur celle du War Office, (feuille Gondar) écrit « Dankaz ».

[7] Ārabeyā : région en bordure du lac Tana, à l'est de Gorgorā, à l'est de la rivière Mēgēč sur la carte « Lac Tana », DUCHESNE-FOURNET, *Atlas*.

[8] ጭን : amharique ; la même forme se trouve (1 v° b, l. 1) ; cette forme n'est pas attestée dans les dictionnaires. Le premier exemple a été corrigé en ጭነት : « charge d'une bête de somme ». Il s'agit plutôt d'une erreur (ou d'une forme non enregistrée ?) pour ጭን « mesure pour le grain ». Les équivalences en litres données par GUIDI, *Vocabulario*, sont erronnées : (*Voc.* 281) ቁና : (à Gondar) = 4, 67 l. (*Voc.* 108) ማድጋ : (à Gondar) = 16 ቁና : soit 28 l. (sic). (*Voc.* 850) ጭን : (à Gondar) = 10 ማድጋ : soit 280 l. BAETEMAN (281) donne : ቁና : entre 4 et 5 l ; ማድጋ : (à Gondar) = 16 ቁና : donc entre 64 et 80 l ; ጭን : (à Gondar) = 10 ማድጋ : donc entre 640 et 800 l.

[9] ገንዘ : amharique.

[10] Cf. note 1. p. 39.

année, douze mesures de froment, dans les bassins [1] du trésor [2], pour
le sacrifice [eucharistique], ainsi que deux dinars d'or pour l'encens,
les raisins secs et les cierges.

Que Dieu écrive dans le Livre de la Vie, avec les noms de l'assemblée
des premiers-nés, le nom de celui qui a fait tout cela pour l'amour de [5]
l'archange Gabriel. Amen ! ... [3].

[1] Miracle de l'archange Gabriel. Que sa prière et sa bénédiction
soient avec les enfants de ce sanctuaire pour l'éternité. Amen !

Un moine avait fait une peinture, au nom de l'archange Gabriel, en
mélangeant les couleurs [4] avec ses larmes. Cette peinture achevée, il [10]
la donna au gouverneur. Quand ce dernier l'emporta dans son pays, la
peinture tomba dans l'eau d'une rivière. Elle demeura là, sous l'eau,
de trois heures à sept heures [c.à.d. de 9h à 13 h.]. Après sept heures,
la peinture, flottant [sur l'eau], rejoignit l'homme qui l'avait trans-
portée. Ce dernier était demeuré sur le bord du fleuve, pleurant à [15]
chaudes larmes, car la peinture était sous l'eau. Lorsqu'elle arriva près
de lui, nageant comme un homme, il vit que l'eau n'avait altéré en
rien cette peinture faite au nom de l'archange Gabriel. Il [en] fut
vivement émerveillé et rempli de joie. En entendant cela, de la bouche
de l'homme qui avait transporté la peinture, le gouverneur admira la [20]
grandeur du miracle de l'archange Gabriel, et, devant ce prodige, donna
cette peinture à un moine qui demeurait dans l'île de Kebrā, afin qu'il
prie devant elle, car le gouverneur savait que ce moine demeurait dans
l'église de Gabriel. Il recommanda au moine de ne pas l'oublier au
moment de la prière.   [25]

Après avoir reçu cette peinture, le moine la laissa dans sa cellule et
ne la fit pas entrer dans l'église de l'archange Gabriel. L'archange
Gabriel apparut alors au moine et lui dit : « Pourquoi me laisses-tu
dans ta cellule et ne me fais-tu pas entrer dans ma maison ? » Bien
* p. 42 qu'il eût entendu ceci de * la voix de l'ange Gabriel, le moine n'en tint [30]
pas compte. Un certain jour, [l'archange Gabriel] le frappa d'une grave
maladie. Lorsque la maladie se fut emparée de lui, le moine se rappela,
alors, les paroles de l'ange Gabriel et dit : « Prenez cette peinture et
faites la entrer dans l'église afin que tous les frères prient devant elle ».

---

[1] ብርት : guèze : « fer », mais en amharique : « bassin ».

[2] ገንዘ : cf. p. 41, note 9.

[3] La colonne b se termine par six lignes, ajoutées postérieurement, et qui font partie
d'un texte différent du nôtre.

[4] ቀለም : amharique.

On transporta alors la peinture dans l'église. Depuis ce jour — et jusqu'à maintenant — la peinture y est demeurés, accomplissant des miracles de temps en temps.

Bien longtemps après, le fils du roi tomba malade. Lorsque la
5 maladie empira il dit : « Apportez-moi la peinture de l'archange Gabriel ». Tandis qu'on transportait cette peinture, elle tomba dans l'eau, comme précédemment, et en sortit sèche. En voyant ceci, [les gens] qui [la] transportaient demeurèrent stupéfaits devant la grandeur du miracle de l'archange Gabriel et dirent à tout le monde ce dont ils
10 avaient été témoins.

Que la prière et la bénédiction de l'archange Gabriel soient avec nous, fils de Kebrān, pour l'éternité. Amen !

[2] Maintenant nous allons vous parler, ô frères bien aimés, de la grandeur du miracle de l'archange Gabriel — qui se tient devant Dieu [1]
15 et demande miséricorde pour les enfants des hommes — qui eut lieu durant le règne de notre roi Iyāsu, afin que vous écoutiez par l'oreille de l'esprit et examiniez par les yeux de l'intelligence ce qui est profit pour le monde entier. De beaucoup nous ferons peu. Ce long récit, nous l'abrègerons.

20 Le neuvième mois de son règne [2], le roi Iyāsu vint, avec son armée, visiter les couvents et les îles [du lac Tana] et demander aux moines de prier pour lui. Il visita Kebrān avant toutes les autres îles et parla avec mansuétude au *mamher*, Abuna Malke'a Krestos. Le roi dit à ce dernier : « Que veux-tu que je fasse pour toi ? Dis -moi tout ce que ton
25 cœur désire ». Le *mamher* répondit en ces mots : « Je te dirai tout ce que renferme mon cœur lorsque tu seras assis et reposé ». Ils cherchèrent alors un endroit pour se reposer. Ils en firent partir tout les autres hommes et y demeurèrent tous deux.

Le *mamher* dit au roi Iyāsu : « Vois, ô roi, l'état de dégradation de
30 l'église qui est le sanctuaire de l'archange Gabriel. Mon cœur désire que, maintenant, * tu fasses construire une demeure pour l'archange Gabriel.   * p. 43
Sa construction ne te causera pas de peine car les murs de l'église ne sont pas détruits. Cependant, tu les feras surélever d'une ou deux coudées. Je n'ai rien d'autre à te demander, ceci excepté. Jadis, nous

---

[1] *Luc*, I, 9.
[2] Guidi, *Chron.* p. 63, l. 22. « ... Le 14 de Magābit [après le 20 mars 1683], il destitua Akāla Krestos et Kanāfero... Après quoi il descendit et se rendit à toutes les îles *ayant* des couvents, pour recevoir la bénédiction et se recommander à tous les saints moines ».

avons entendu ces paroles de la bouche des saints : « Dans les temps
à venir, règnera un roi appelé Iyāsu. C'est lui qui fera construire le
sanctuaire de l'archange Gabriel». Après avoir entendu ces mots, le
roi dit au *mamher* : « Cinquante dinars d'or ne te suffiraient-ils pas » ?
Le *mamher* répondit : « La dépense n'atteindra pas cinquante dinars 5
d'or». Le roi reprit : « Je te les enverrai». Il fut béni par le *mamher*
et partit pour le camp.

Plus tard, le roi quitta le camp, au mois de sanē, pour chasser les
animaux sauvages. Alors qu'il chassait, le 19 du mois de sanē [1], jour
de la fête de l'ange vénéré Gabriel, une bête sauvage l'attaqua. Elle le 10
fit tomber de son cheval et lui donna un tel coup de corne au-dessous
des genoux, que le roi faillit en mourir. A ce moment l'archange Gabriel
lui apparut disant : « Paix et salut» et il l'ombragea de ses ailes. Ce
jour-là, le roi échappa à la mort. La vue de ce miracle emplit le roi de
joie. Il retourna au camp, se réjouissant de l'aide puissante de l'ar- 15
change Gabriel. Alors, le roi prit la couronne de sa tête, la brisa et
en pesa l'or. Cela faisait 74 [dinars] [2]. Il envoya cet or à l'île de Kebrān
[avec le message suivant] : « Avec ces dinars d'or, [faites] bâtir pour
moi la demeure de l'archange Gabriel». Lorsque les moines reçurent cet
or, ils prièrent pour le roi. Tout ceci avait pour cause la grandeur du 20
miracle de l'archange Gabriel.

Que son intercession soit avec nous tous, fils de Kebrān, pour
l'éternité. Amen !

[3] Miracle de l'archange Gabriel. Que sa prière et sa bénédiction
soient avec les fils de Kebrān pour l'éternité. Amen ! 25

Lorsque les moines eurent reçu l'or du roi, c'est-à-dire sa couronne,
ils détruisirent les murs et le toit — usés par le temps — du sanctuaire

---

[1] GUIDI, *Chron.*, p. 64, l. 4. « ... Il campa à Marārit, où il demeura trois semaines et
célébra la fête de l'Ascension. *Il fit ce long séjour*, parce qu'un buffle l'avait frappé d'un
léger coup de corne, et l'avait blessé au pied, dans le pays de Dābal, sur les bords de
l'Abāy ; le roi était sorti tout seul pour voir le *pays*, chasser les bêtes sauvages et tuer les
Afačālā, lorsqu'il avait entendu *dire* qu'il y avait dans cet endroit beaucoup de trou-
peaux de buffles et beaucoup d'Afačālā. C'est alors qu'il tua d'un seul coup un buffle,
car son bras était comme un arc d'airain solide. Une seconde fois il transperça dans ce
lieu un autre buffle qui pourtant lui opposa résistance, et, luttant contre lui, le fit tomber
de son cheval. En cet incident Dieu amena le nommé Gor Defča, de la tribu des Gutā,
porté sur les ailes de son ange Gabriel ; il tua ce buffle et releva le roi qui était tombé...
Le jour de cet *événement* était la fête de l'ange Gabriel, le 19 de Genbot ». Les dates sont
différentes. Notre manuscrit mentionne comme date de cet événement : *le 19 de sanē*.
[2] GUIDI, *Chron.* p. 109, l. 30, cf. supra p. 39.

de l'archange Gabriel. Le 9 du mois de hedhār (le 15 novembre),
tandis * qu'on démolissait le toit, l'archange Gabriel dévoila sa puissance   * p. 44
à un homme. Voici le miracle qu'il fit.

Une poutre [1] du toit — il se dressait à une hauteur de vingt-sept
5 coudées — fut arrachée, alors que l'homme [dont nous avons parlé]
était debout, regardant, face à l'église. Elle lui ouvrit l'arcade sourci-
lière [2]. La grosse tumeur qu'il avait depuis longtemps se perça. La
poutre ne toucha absolument pas l'œil. L'homme tomba sur le sol.
Il ne ressentit aucune douleur. Bien plus, il fut, sur le champ, complè-
10 tement guéri. Tous ceux qui étaient présents furent stupéfaits par ce
miracle, l'un des plus grands de l'archange Gabriel.

Que son intercession soit avec nous tous, fils de Kebrān, pour l'éternité. Amen!

[4] Miracle de l'archange Gabriel. Que sa prière et sa bénédiction
15 soient avec les fils de ce sanctuaire pour l'éternité. Amen!

Par la suite, on démolit l'église de l'archange Gabriel, et on rassembla
les clous de fer avec lesquels les poutres étaient fixées aux cercles de
la toiture. On [les] donna aux forgerons afin qu'ils [les] éprouvent dans
le feu et les rendent égaux les uns les autres. Un homme, de ceux qui
20 étaient réunis pour démolir l'église, vint et déroba trois clous, bien que
les forgerons lui aient dit : « Laisse. Ne commets pas cela afin de ne pas
encourir la colère de l'archange Gabriel».

L'homme avait entendu, mais il partit, faisant la sourde oreille
et emportant les clous qu'il avait volés. Il monta sur un bateau avec
25 son compagnon. Lorsqu'ils furent sur le point de gagner le large, le
voleur se mit debout dans le bateau. Il fut projeté dans le lac et coula
comme une pierre. Les gens du pays sortirent son cadavre du lac.
C'est alors que l'on trouva les clous dans son flanc. Le lendemain, le
compagnon de l'homme les apporta et les donna aux hommes du
30 couvent afin que soit révélée la grandeur de l'archange Gabriel.

Que son intercession et le don de son aide soient avec nous tous, fils
de Kebrān, pour l'éternité. Amen!

[5] Miracle de l'archange Gabriel. Que sa prière et sa bénédiction
soient avec les fils de ce sanctuaire pour l'éternité. Amen!
35 Plus tard, * on commença à construire la demeure de l'archange   * p. 45
Gabriel, pendant le règne de Iyāsu, le 12 de magābit à sept heures

---

[1] Cf. p. 40, note 4.
[2] Lit.: « l'os de son œil ».

[c.à.d. 13h]. Tandis qu'on la construisait, une grande puissance se manifesta et un miracle extraordinaire eut lieu. Le voici.

Tous ceux qui construisaient [l'église] passaient la journée là. Ils travaillaient jusqu'au soir, puis, ils rentraient chez eux. [Chaque] matin, ils trouvaient le bâtiment plus élevé que la veille. Un certain 5 jour, ils mesurèrent leur travail de la journée. Cela faisait trois coudées. Ils rentrèrent alors chez eux. Le matin, lorsqu'ils mesurèrent à nouveau, la construction atteignait cinq coudées. Le chef des charpentiers, voyant ce miracle, en fut émerveillé. L'archange Gabriel lui dit en songe : « Ne t'étonne plus, car ce n'est pas toi qui bâtis ma demeure 10 avec ta science, mais au contraire moi-même qui la bâtis ». Lorsque le chef des charpentiers eut entendu cela, la grandeur du miracle de l'archange Gabriel l'emplit de joie.

Que de l'intercession de cet ange soit avec nous tous, fils de Kebrān, pour l'éternité. 15

[6] Miracle de l'archange Gabriel. Que sa prière et sa bénédiction soient avec nous tous, fils de Kebrān, pour l'éternité. Amen !

Écoutez vous tous, [ô] peuples, la grandeur du miracle que l'archange Gabriel fit en faveur d'un maçon. Un [certain] jour, ce maçon dressait un montant de porte. Ce montant coinça quatre de ses doigts et 20 faillit les lui trancher. Alors, tous les gens se rassemblèrent afin d'ôter le montant et de dégager les doigts du maçon. Le montant résistant et ne bougeant pas, les gens élèverent des lamentations vers Dieu et l'archange, demandant miséricorde. Le maçon dit : « Donnez-moi un ciseau [1] ». On le lui donna. Lui seul, à l'aide du ciseau, ôta de dessus 25 ses doigts le montant qui avait résisté à tous. La douleur n'affecta en rien les doights du maçon qui, sur le champ, sortit indemne de cette épreuve. Ce miracle émerveilla et emplit de joie tous les gens qui louèrent Dieu, et exaltèrent la mémoire de l'archange Gabriel.

Que sont intercession soit avec nous tous, fils de Kebrān, pour 30 l'éternité.

* p. 46   [7] * Miracle de l'archange Gabriel. Que sa prière et sa bénédiction soient avec nous tous, fils de Kebrān, pour l'éternité.

Venez tous, [ô] peuples, voir le miracle que l'archange Gabriel accomplit pendant le règne de Iyāsu. 35

Les constructeurs commencèrent à bâtir un pilier du sanctuaire.

---

[1] ** መናፅሕ** : a évidemment ici le sens indiqué par les *sawāsew* : **መር** : « biseau, ciseau pour le bois » ; **ደዴቅ** : « lourde pince en fer, terminée en biseau et servant à soulever ou à briser les pierres ».

Ils posèrent pierre sur pierre, et la hauteur du pilier atteignit douze coudées. Un jour, afin que la [puissance] miraculeuse de l'archange Gabriel fût révélée, une pierre, grosse comme une meule, tomba, se brisant en deux, du haut de ce pilier, sur la tête d'un homme. Ce dernier
5 n'eut même pas l'impression que la poussière de la terre l'eût effleuré. On ne trouva sur lui aucune trace de blessure. Les gens qui avaient vu la pierre tomber sur lui, furent saisis de frayeur et lui dirent : « Comment te sens-tu ? » « Moi, je me sens très bien » leur répondit-il. « La chute de la pierre sur ma tête, je ne l'ai pas sentie, au contraire, il m'a semblé
10 que l'aile d'une colombe me frôlait ». Combien la puissance de l'ange Gabriel paraît extraordinaire à celui qui entend [dire ce miracle] et [y] réfléchit. [Non seulement] l'archange empêcha que la tête de l'homme, lorsque la pierre tomba dessus, ne fût brisée, fracassée, mais [bien plus] il brisa la pierre [sur le point] de tomber sur la tête de
15 l'homme.

Que l'intercession de l'archange Gabriel soit avec nous tous, fils de Kebrān, pour l'éternité.

[8] Miracle de l'archange Gabriel. Que sa prière et sa bénédiction soient avec nous tous, fils de ce sanctuaire, pour l'éternité. Amen !
20   Voyez ce que Dieu a fait de miraculeux et d'admirable, par les mains de l'archange Gabriel, ô frères bien aimés, que le Christ a rachetés de Son Sang et libérés de la servitude du diable.

Les maçons construisirent le pilier du sanctuaire. Il atteignit la hauteur de douze coudées. Ils firent un échafaudage [1] au milieu du
25 pilier et s'y tinrent pour construire l'arc [2]. Ils montèrent une cruche pleine d'eau et la posèrent sur l'échafaudage afin de boire à volonté. Cette cruche fut projetée comme une flèche de l'échafaudage, et tomba à terre. * L'eau qu'elle contenait ne se répandit pas, son contenu ne   * p. 47 diminua pas, rien n'y manqua, et cette cruche ne se brisa point.
30 Lorsque les hommes présents virent ce grand prodige, ils furent émerveillés et étonnés par la grandeur du miracle de l'archange Gabriel.

Que son intercession soit avec nous tous, fils de ce sanctuaire, pour l'éternité. Amen !

[9] Miracle de l'archange Gabriel. Que sa prière et sa bénédiction soient avec nous tous, fils de Kebrā, pour l'éternité. Amen !

---

[1] ሰራት : « lit ». Le sens est ici, évidemment, celui qu'a en amharique le mot désignant le lit : አልጋ : signifie « lit » et aussi « échafaudage ».

[2] ቀስት : ደመና : littéralement : « arc-en-ciel » ; amharique : « arc, voûte » cf. Baet., 329.

Écoutez les prodiges et les miracles de l'archange Gabriel, vous que le Christ a marqué du bois de Sa croix et baptisé de l'eau qui coula de Son flanc [1].

Par la suite, [les maçons] construisirent un pilier qui se dressait à l'extérieur. Un fort vent souffla, et un très grand arbre tomba sur ce pilier qui, lui-même, s'abattit. Le lendemain, les gens se rassemblèrent, élevèrent des lamentations vers Dieu, et versèrent des larmes amères parce qu'il leur semblait que le pilier était détruit. Ils ne comprirent pas ce que l'archange Gabriel allait faire. Les gens coupèrent l'arbre qui était tombé sur le pilier et le soulevèrent. Alors, ce pilier qui était tombé sur son front, comme un homme qui se prosterne, se releva et se tint droit comme auparavant. Les hommes qui s'étaient réunis, voyant ce miracle, se réjouirent grandement et leur tristesse se changea en joie, comme dit le Psaume : « Tu as changé mes lamentations et Tu m'a réjoui » [2]. De même, Il soutient et relève lorsqu'il est tombé et a vacillé, l'homme qui s'appuie sur la force de sa prière.

Que l'intercession et la puissance du secours de l'archange Gabriel soient avec nous tous qui l'aimons pour l'éternité.

[10] Miracle de l'archange Gabriel. Que sa prière et sa bénédiction soient avec nous tous pour l'éternité.

Durant la construction de la demeure de l'archange Gabriel, un serviteur de l'église alla au marché, emportant de l'or, suivant son habitude. Il conclut un marché avec des commerçants [3] : ces derniers lui donnèrent du sel et prirent son or. Le serviteur de l'église dit à l'un d'eux : « Garde ce * sel. Ne l'échange pas, car ce sel appartient à l'archange Gabriel, jusqu'à ce que je revienne [après avoir] achevé ce qui me reste à faire ». Puis, le serviteur de l'église alla chez un autre commerçant afin d'avoir du sel contre de l'or. Il n'avait pas même accompli une étape, que le marchand au ventre insatiable échangea ce sel contre [un autre] sel, oubliant, [sans scrupule aucun], que le serviteur de l'église le lui avait confié auparavant. Lorsqu'il eût terminé ses affaires, le serviteur de l'église revint. Il apprit que son sel avait été échangé et dit au commerçant : « Pourquoi en as-tu fait ainsi ? [Pourquoi as-tu] échangé le sel qui était le bien de l'archange Gabriel ? » Le voleur de sel répondit : « Je suis innocent ». et il jura même par le nom de l'archange Gabriel. Puis, le serviteur de l'église retourna

*p. 48

---

[1] Cf. *Jean*, xix, 34.

[2] Cf. *Ps.* xxx, 12.

[3] ⵟⵟⵟⵟⵟ ፣ littéralement ፣ « celui qui change ».

dans son pays. Deux jours après, tandis que ce marchand montrait l'or [du serviteur de l'église] à un compagnon, un aigle vint et arracha l'or des mains du marchand. Alors, ce dernier, épouvanté, comprit que ceci avait pour origine la grandeur de la puissance de l'archange
5 Gabriel. Deux semaines après, lorsque le marchand rencontra le serviteur de l'église, il lui dit comment, auparavant, il avait échangé du sel contre [le premier] sel, et comment l'aigle avait ravi l'or de ses mains. Après avoir entendu ce miracle, le serviteur de l'église le raconta à ses frères, et tous, furent emplis d'admiration.
10 Que l'intercession de l'archange Gabriel soit avec nous tous, fils de ce sanctuaire, pour l'éternité. Amen !

[11] Miracle de l'archange Gabriel. Que sa prière et sa bénédiction soient avec […] [1] pour l'éternité. Amen !

Un certain jour, en travaillant à la construction, l'un des maçons
15 qui construisaient la demeure de l'archange Gabriel — qui se tient devant Dieu—, comme il le dit lui-même dans l'Évangile selon Saint Luc [2] : « Je suis celui qui se tient devant Dieu. », se donna sur les genoux un tel coup de hache qu'il en poussa un cri qui fut entendu au loin. Ceux qui l'entendirent pensèrent : « Un homme serait-il tombé du haut
20 de l'église ? » Puis, ils accoururent, * très effrayés, afin de voir ce qui   * p. 49 était arrivé. Ils trouvèrent le maçon indemne, sans un os brisé. Son sang n'avait pas même coulé. La marque de la hache resta trois jours sur ses genoux. Il n'y eut ni blessure, ni maladie. Tout ceci était dû à la grandeur du miracle de l'archange Gabriel.
25 Que son intercession soit avec nous tous qui l'aimons pour l'éternité. Amen !

[12] Miracle de l'archange Gabriel. Que sa prière et sa bénédiction soient avec nous […] [3] pour l'éternité. Amen !

Nous allons proclamer devant tout le monde, la vérité des miracles
30 et des prodiges de l'archange Gabriel, [qui furent accomplis] quand on peignait son image.

L'église de l'archange Gabriel fut finie pendant le règne de l'empereur Iyāsu. Les peintres, installés sur un échafaudage haut perché, avaient un récipient contenant la peinture [4] avec laquelle ils peignaient le
35 portrait de l'archange Gabriel. [Ce récipient] échappa des mains des

---

[1] Lacune d'une ligne.
[2] Cf. *Luc*, I, 19.
[3] Lacune d'une ligne.
[4] Cf. p. 42, note 4.

peintres et tomba à terre. Il ne se brisa pas. La peinture qu'il contenait ne se répandit pas. Bien plus, [la quantité] de peinture [qu'il contenait] était celle [que le récipient avait contenue] au début [des travaux]. Ceux qui furent témoins de ce miracle posèrent ce récipient sur la fenêtre afin qu'il fût une preuve de la grandeur de l'archange Gabriel 5 pour les générations à venir, depuis lors, jusqu'à l'éternité.

Que sa prière et le don de son aide soient avec nous tous, fils de Kebrā, pour l'éternité. Amen !

PASSAGES BIBLIQUES

ŒUVRES ÉTHIOPIENNES CITÉES

AUTEURS CITÉS

NOMS DE PERSONNES

NOMS DE LIEUX ET DE PEUPLES

TABLE DES MATIÈRES